KB163329

DARAKWON

K·POP KOREAN 2

Written by Park Sunyoung, Ahn Yongjun
Translated by Kim Yuna

First Published April, 2022
Publisher Chung Kyudo
Editor Lee Suk-hee, Kim Sook-hee, Han Ji-hee
Cover design Koo Soo-jung
Interior design Koo Soo-jung, Park Eun-bi
Proofread by Jamie Lypka
Illustrated by Cha Sang-mi
Sources of photos shutterstock, iclickart, 76p, Korea Open
Government License, Incheon Metropolitan
City, 2018, Woori garak woori madang 'Ulssu'
Opening ceremony, Kim Deok-Soo Samulnori

다락원 Published by Darakwon Inc.
Darakwon Bldg., 211 Munbal-ro, Paju-si
Gyeonggi-do, 10881 Republic of Korea
Tel : 82-2-736-2031 Fax : 82-2-732-2037
(Marketing Dept. ext.: 250~252 Editorial Dept. ext.: 420~426)

Price 16,000 won
ISBN: 978-89-277-3288-4 14710
       978-89-277-3287-7 (set)

http://www.darakwon.co.kr
http://koreanbooks.darakwon.co.kr
Visit the Darakwon homepage to learn about our other publications
and promotions and to download the contents of MP3 format.

머리말

세계 여러 나라에서 K-Pop, 한국 드라마와 영화, 한국 웹툰 등 K-콘텐츠가 주목을 받고 흥행하고 있습니다. 한국어와 한국 문화에 대한 외국인들의 관심이 점점 깊어가고 있는 가운데 이미 출간된 <K-Pop Korean>에 대한 높은 관심과 사랑으로 후속작인 <K-Pop Korean 2>를 출간하게 되었습니다.

<K-Pop Korean 2>는 K-Pop에 관심을 가지고 한국어와 한국 문화까지 배우려는 한국어 1~2급 수준의 외국인 학습자를 비롯하여 한국어와 K-Pop에 관심이 많은 일반인들을 대상으로 하고 있습니다. 최근 5~6년간 전 세계적으로 인기를 끌고 있는 K-Pop 아이돌 그룹 및 가수를 선정하여 총 22곡을 교재에 실었습니다. 각 곡의 전체 가사를 한눈에 볼 수 있도록 구성하였으며, 가사에서 뽑은 핵심 한국어 표현 2개를 노래별로 선정하여 그 의미와 예문을 추가하고, 관련 어휘를 배우며 가사에 담긴 의미를 충분히 이해할 수 있도록 했습니다. 특히 이 책은 한국어 말하기와 함께 한국 문화에 중점을 둔 책으로서 문화 코너를 마지막에 구성하여 노래에 담긴 한국 문화의 배경을 재미있는 삽화와 이미지를 통해 더욱 쉽게 이해할 수 있도록 기획했습니다. 또한 이번 2권에서는 각 한국어 표현 예문과 어휘를 QR 코드를 통해 전문 한국어 성우의 음성 녹음으로 바로 확인할 수 있도록 한 점이 큰 특징입니다.

이 책이 세상에 나오게 되어 더없이 기쁩니다. 책이 나올 수 있게 도와주신 많은 분께 깊은 감사를 드립니다. 부디 이 책을 통해 K-Pop을 사랑하는 많은 학습자들이 자신이 좋아하는 K-Pop 가사를 보며 한국어에 대한 학습 의지를 높이고 한국 문화의 매력에 한 발 더 다가갈 수 있기를 바라겠습니다.

박선영, 안용준

Preface

Korean content, such as K-Pop, Korean dramas and movies, and Korean webtoons, is drawing attention and gaining popularity around the world. As international interest in Korean culture and language increases, we are pleased to publish "K-Pop Korean 2," made possible thanks to the great interest and love shown to the previously published "K-Pop Korean."

"K-Pop Korean 2" is targeted at foreign learners with a TOPIK level of 1 or 2 who are interested in K-Pop and want to learn Korean culture and language. The 22 songs included within have been selected from the discographies of K-Pop idols and singers who have found global popularity in the last 5 to 6 years. The book has been organized so that readers can see the full lyrics of each song at a glance. Two key Korean expressions have been selected from each song, with explanations, example sentences, and related vocabulary provided to enhance the learner's understanding. This book is especially focused on Korean culture and speaking Korean. The culture section found at the end of each lesson makes it easier to understand the background of the Korean culture contained in each song through fun illustrations and images. Also featured are QR codes via which learners can check a recording by professional Korean voice actors of the example sentences and vocabulary.

We are so pleased to see this book published and deeply appreciate everyone who contributed. We hope that many Korean learners who love K-Pop are encouraged through this book to learn Korean by reading the lyrics to their favorite songs and intrigued to take one step closer in their fascination with Korean culture.

Park Sunyoung, Ahn Yongjun

이 책의 구성과 활용

✦ 가수 소개

이 책에서 소개되는 총 여덟 그룹의 가수에 대한 소개를 실었습니다. 각 곡이 시작되기에 앞서 해당 가수에 대한 이해를 더욱 높일 수 있습니다.

✦ 노래 설명

각 노래의 처음에 제목과 일부 가사 등을 먼저 볼 수 있으며, 노래에 얽힌 재미있는 이야기들을 기본적인 소개와 함께 확인할 수 있습니다.

✦ LET'S SING TOGETHER

해당 노래의 전체 가사를 수록하여 학습자가 쉽게 따라 부를 수 있도록 하였습니다.

✦ THE BEST LINES OF THE SONG

해당 노래의 대표적인 표현을 선별하여 한국어 문법과 형태적 특징을 다양한 상황별 문장들과 함께 제시하였습니다. 실제 대화에서 바로 사용할 수 있을 만큼 활용도가 높고 유용한 예문들로 구성되어 있습니다. 각 예문은 QR 코드를 통해 전문 한국어 성우의 음성 녹음을 바로 확인할 수 있습니다.

✦ Vocabulary

해당 노래와 관련된 어휘나 표현들을 선정하여 알기 쉽게 예문과 함께 설명하였습니다. 여러 의미가 함께 있는 경우에도 그 의미에 따른 사용 예시를 제시하여 이해를 더욱 높였습니다. 어휘의 예문 역시 QR 코드를 통해 음성 녹음을 바로 확인할 수 있습니다.

✦ Conversation

자연스러운 대화 상황을 통해 앞에서 배운 표현이나 어휘를 다시 한번 확인할 수 있습니다. 친구와 연인, 가족, 회사, 학교 등 다양한 상황과 인물 관계에서의 대화 상황으로 제시하였습니다. 대화문도 QR 코드를 통해 음성 녹음을 바로 확인할 수 있습니다.

✦ Cultural Expression

매 과의 마지막에는 해당 노래와 연관되는 한국 문화 이야기, 문화 표현 등을 사진, 삽화 등의 이미지와 함께 제시하였습니다. 노래 가사와 함께 문화를 연결하여 읽으면 더욱더 흥미진진하고 재미있게 이해할 수 있을 것입니다.

✦ Appendix

부록에서는 본문 〈Conversation〉에 나온 대화문의 영어 번역과 함께 가수와 노래 설명, 〈The Best Lines of the Song〉의 문법 설명, 〈Cultural Expression〉의 본문 내용의 한국어 설명도 수록되어 있습니다. 또한 어휘 색인과 표현 색인도 정리되어 있습니다.

HOW TO USE THIS BOOK

✦ ABOUT THE SINGER

This part introduces the eight singers and groups in this book. Learners can gain a better understanding of the songs before they actually begin the lessons.

✦ ABOUT THE SONG

This offers learners a preview of the lesson, with the title of the song, a basic introduction, selected lyrics, and interesting related anecdotes.

✦ LET'S SING TOGETHER

Learners can check the full lyrics of the song here in order to understand while singing along.

✦ THE BEST LINES OF THE SONG

Key expressions from the song are presented here, featuring Korean grammar points, morphological characteristics, and colloquial sentences used in a variety of situations. The example sentences are practical and useful so that learners can use them in real conversations right away. QR codes provide access to recordings by professional Korean voice actors of each example sentence.

✦ Vocabulary

The vocabulary section explains select words and expressions from the song with example sentences for better understanding. For vocabulary words with multiple meanings, useful example sentences are presented according to each meaning to aid in further study. Learners can directly access voice recordings of each vocabulary example sentence via the QR codes provided.

✦ Conversation

One of the best ways to review the expressions and vocabulary learned throughout the lesson. These items are presented as conversational dialogues incorporating various situations (such as at work and at school) and relationships (such as friends, couples, and family). Learners can directly access voice recordings of the dialogues via the QR codes provided.

✦ Cultural Expression

At the end of each lesson, Korean cultural stories and expressions related to the song are presented along with photos and illustrations. Reading about the cultural aspects that match the lyrics of the song provides a fun and interesting understanding.

✦ Appendix

The appendix includes English translations of the "Conversation" section, an explanation of grammar points from "The Best Lines of the Song," and the Korean version of the main texts and explanations from the "Cultural Expression" section. In addition, the appendix also contains an index of vocabulary and expressions.

Contents

블랙핑크

Black Pink

BLACKPINK, who debuted in 2016, consists of eldest member and lead vocalist Jisoo, main rapper and lead vocalist Jenny, main vocalist Rosé, and main dancer and lead rapper Lisa. Right from their debut, they've had the image of strong and talented idols. As time goes by, the members have demonstrated their incomparable abilities in their respective areas. The music video for "DDU-DU DDU-DU," released in 2018, is the second most-viewed music video in K-Pop history, following PSY's "Gangnam Style." Their song "아이스크림 (Ice Cream)," featuring Selena Gomez, peaked at number 13 on the Billboard Hot 100 chart. The name BLACKPINK expresses the identity of the group, meaning "I'll not only look pretty, I'll show something more," which comes from adding black, the "darkest" color, to pink, the "prettiest" color.

마지막처럼

마지막처럼 마–마–마지막처럼

마지막 밤인 것처럼 love

마지막처럼 마–마–마지막처럼

내일 따윈 없는 것처럼

ABOUT THE SONG

"As If It's Your Last" is BLACKPINK's 3rd single released on June 22, 2017, and is an exciting and upbeat song. With this song, BLACKPINK showed off a bright and charming mood for the first time, different to the darker, groovy mood from earlier days. As an insert song for the movie *Justice League* released in 2017, the music video for "As If It's Your Last" appears in the scene where the Flash and Bruce Wayne meet for the first time. There were some interesting incidents during screenings of the movie in Korea. As a Korean song suddenly started playing, many people mistakenly believed that their cell phone was on.

마지막처럼

너 뭔데 자꾸 생각나
자존심 상해 애가 타
얼굴이 뜨겁고 가슴은 계속 뛰어
내 몸이 맘대로 안 돼 어지러워

넌 한 줌의 모래 같아
잡힐 듯 잡히지 않아
넌 쉽지 않은 걸 그래서 더 끌려
내 맘이 맘대로 안 돼 어이없어

지금 너를 원하는
내 숨결이 느껴지니
널 바라보고 있어도
missing you
서툰 날 won't you set me free

*Baby 날 터질 것처럼 안아 줘
그만 생각해 뭐가 그리 어려워

거짓말처럼 키스해줘 내가 너에게
마지막 사랑인 것처럼

마지막처럼 마-마-마지막처럼
마지막 밤인 것처럼 love
마지막처럼 마-마-마지막처럼
내일 따윈 없는 것처럼

Uh I'm a fall in love baby

You gon finna catch me

Uh give you all of this baby

Call me pretty and nasty

Cause we gonna get it

my love you can bet it on

black we gon double

the stack on them whoa!

I be the Bonnie and

you be my Clyde

We ride or die

Xs and Os

시간은 흘러가는데

마음만 급해지지

내 세상은 너 하나만

missing you

서툰 날 won't you set me free

*Repeat

One two three

새로운 시작이야

절대 뒤돌아보진 않을 거니까

날 너에게 던지면

너는 날 꼭 잡아 줘

세상은 우릴 꺾지 못할 테니까

BLACKPINK in your area

*Repeat

1 마지막인 것처럼 말하지 마.

Track 001

"N처럼" is a figure of speech for expressing that a characteristic of a person or a thing is the same as or similar to that of someone or something else. It's used in everyday conversation, and also appears frequently in song lyrics. If you listen carefully to K-Pop lyrics, you can often hear expressions such as 처음처럼, 마지막처럼, 나처럼, and 너처럼. Depending on the part of speech of the preceding word, it can take the form of "V-는 것처럼" or "A-(으)ㄴ 것처럼." Additionally, if the preceding word is in the form of "N+이다," you can use "N인 것처럼."

아직 5월인데 여름처럼 덥네요.
It's still May, but it's hot like summer.

나도 너처럼 한국어를 잘하고 싶다.
I want to be good at Korean like you.

언니랑 전화했는데 아픈 것처럼 말했어.
I talked with my sister on the phone. She made out like she was sick.

이게 마지막인 것처럼 울지 마. 나중에 또 만날 거야.
Don't cry as if this were the last time. We'll see each other later again.

여러 번 무대에 서 봤지만 어제는 마치 처음 공연하는 것처럼 떨렸어요.
I've been on stage many times, but yesterday, I was nervous as if I were performing for the first time.

2 뭐가 그리 어려워?

"뭐가 그리 A?" is used to ask what is making the listener feel a certain way, or alternatively to tell off the listener. For example, if you ask "뭐가 그리 재미있어?" while other people are talking and having fun, you're asking because you're curious about what's going on that's funny. However, if you fall down and your friend laughs at it, and you say "뭐가 그리 재미있어?", this expression shows that you're a little mad and indicates that you want him stop laughing because the current situation isn't actually funny.

뭐가 그리 슬퍼?
What's so sad?

뭐가 그리 싫어?
What is it you dislike that much?

뭐가 그리 어려워?
What's so difficult?

뭐가 그리 힘들어?
What's so hard?

뭐가 그리 재미있어?
What's so funny?

블랙핑크(BLACKPINK) · 마지막처럼

신체 관련 어휘 관용 표현들 Idiomatic expressions related to body parts   Track 003

얼굴이 뜨겁다

얼굴이 뜨겁다 can be used to mean you literally have a fever and your face is hot because you caught a cold.

· 왜 이렇게 얼굴이 뜨거워? 열 있어?
  Why is your face burning up? Do you have a fever?

When used idiomatically, this expression means that you feel shy or embarrassed.

· 많은 사람들 앞에서 실수를 해서 얼굴이 뜨거워졌다.
  My face burned with embarrassment because I made a mistake in front of many people.

가슴이 뛰다

When you work out hard or when you're very excited, your heart beats quickly. In this case, you can say 가슴이 뛰다, which uses the verb 뛰다.

· 오랜만에 운동을 했더니 가슴이 엄청 빨리 뛴다.
  My heart is beating very fast because I worked out for the first time in a long time.

When used as an idiom, it shows excitement due to anticipation or nerves before doing something. It's often used with the word 두근두근, which describes the sound and shape of a heart beating.

· 이제 10분 후면 콘서트가 시작하는데 가슴이 두근두근 뛴다.
  The concert starts in 10 minutes now. My heart is racing.

애가 타다(= 애타다)

애가 타다 shows that you're nervous and worried about something. 애 is an old-fashioned word for 창자 (intestines). It expresses an anxious and heavy feeling as if your intestines were on fire. The causative version of "애가 타다" is "애를 태우다" (to burn one's intestines). Both can also be shortened and used as one word, either 애타다 or 애태우다, respectively.

· 30분 후에 결혼식인데 아직 신부가 도착하지 않아서 애가 탄다.
  The wedding starts in 30 minutes, but the bride hasn't arrived yet. I'm so anxious.

· 속으로만 너무 애태우지 말고 그 애한테 좋아한다고 고백해 봐.
  Don't fret so much to yourself. Just tell her you love her.

Track 004

 뭐가 그리 신났어?

이제 5분 후에 블랙핑크 새 뮤직비디오가 공개되거든.

 너 블랙핑크 팬이었어?

그럼, 몰랐어? 너무 기대돼서 **가슴이 두근두근 뛰어.**

 어제 남친이 회사 앞에 와서 프러포즈했다면서?
기분이 어땠어?

사람들 앞이라서 엄청 부끄러웠어.
얼마나 **얼굴이 뜨거웠는데.**

 그럼, 대답은 해 줬어?

아니, 아직 대답 못 했어.

 네 남친 엄청 **애가 타고 있겠네.** 빨리 대답해 줘.
아, 나도 **너처럼** 사람들 앞에서 프러포즈 받아 보고 싶다.

블랙핑크(BLACKPINK) · 마지막처럼

신나다 to be excited | 공개되다 to be released | 프러포즈하다 to propose (marriage)

어이없다
That's Ridiculous.

너 나 좋아하지?
You like me, don't you?

뭐래, 진짜 어이없어. 아니거든!
What? That's ridiculous. No!

어이없다 is an expression used a lot in daily conversation to mean that what happened is ridiculous or absurd. In the Korean movie 베테랑(*Veteran*), which was released in 2015 and became very popular, there's a scene in which actor Yoo Ah-in, who plays the role of a son in a chaebol family (a wealthy, business-owning family), says "어이없네," and then explains the origin of the saying. The facial expressions and pronunciation of the actor when he spoke this line were so impressive that for a time, it was a trend to mimic it on entertainment programs. A similar expression is "어처구니없다."

Forever Young

떠나지 마 just stay

지금 이 시간을 멈춘 채

너와 함께라면 난

I could die in this moment

ABOUT THE SONG

This song is one of the tracks on BLACKPINK's first mini-album (or EP) «SQUARE UP», released in June 2018. The song's bright melody and addictive chorus are impressive. This and another track from the album, "DDU-DU DDU-DU," endeared themselves to many fans. "Forever Young" is an exciting song with a message that says "I'm not afraid of anything when I'm with you. Let's burn through our youth with no regrets." One can feel an unhindered love and the fresh passion of youth from the song.

Forever Young

떠나지 마 just stay
지금 이 시간을 멈춘 채
너와 함께라면 난

★I could die in this moment
Forever young
Forever young
Forever young
Forever young

너의 눈에 비친 나의 모습이
늘 처음 만난 그 날만 같길
소리 없이 타오르는 불꽃같이
마지막처럼 내 입 맞추길
달빛 아래 내 마음은 설레
은하수로 춤추러 갈래
let's go
지금 let go

★★오늘이 가도 후회 없게
시간이 우리 둘을 떼어 놓을 수 없게
순간이 영원할 수 있게
넌 내 마음에 불을 질러 줘
후회 없는 젊음이 타오르게
지금처럼 너와 함께라면
tonight

★Repeat

매일매일 밤 밤
이 노래를 불러 불러
Know we got that bomb bomb
Come again come again
Forever young boy

so we ride or die
끝이 없을 것처럼 달려 너와 나
붉은 sunset 아래
너는 지금 내 옆에
Pinked out or murdered out
like it ain't no thing
다 필요 없어 주인공은 우리
Say life's a bish
But mine's a movie
내 Diamond처럼

we'll shine together
Whenever wherever
forever ever ever
짜릿하게 더 위험하게
세상 저 끝까지 가볼래
let's go
지금 let go

★★Repeat

후회 없는 젊음이 타오르게
세상 무엇도 두렵지 않아
tonight
I could die in this moment
Forever young
(×2) 달이 뜨고 별이 뜨면
춤추는 body
끝이 없이 달려보자
we like to party

Girls wanna have some fun
We go dumb dumb dumb
Girls wanna have some fun
What you want want want

Girls wanna have some fun
We go dumb dumb dumb
Girls wanna have some fun
We ain't done done done

(×8) Whatta bum bum whatta bum bum

1 지금 이 시간을 멈춘 채 너와 함께 하겠어.

Track 005

"V-(으)ㄴ 채(로)"는 expresses that an action is taken while maintaining the state in which a previous action has been completed. It has the same meaning as "V-(으)ㄴ 상태 그대로." It is often used when, after completing the previous action, the following action is done by mistake, is unnatural, or is a special situation.

안경을 쓴 채로 세수했어요.
I washed my face with my glasses on.

화장을 한 채로 잠이 들었어요.
I fell asleep with my makeup on.

문을 열어 놓은 채로 집을 나왔어요.
I left the house with the door open.

동생이 고개를 숙인 채로 계속 울고 있어요.
Her brother keeps crying with his head down.

연예인 커플은 모자와 마스크로 얼굴을 가린 채로 만나요.
Celebrity couples go on dates with their faces covered with hats and masks.

2

너와 함께라면 난 지금 죽을 수도 있어.

"N와/과 함께라면" is used to mean that what follows is possible under the condition of being together with the object N. This expression is the combined form of "N와/과 함께," which indicates including an object, and "N(이)라면," which assumes a certain fact and uses it as a condition. Often, 같이 is used instead of 함께 in "N와/과 함께," but if "라면" follows "N와/과 함께," 함께라면 is preferred to 같이라면.

너와 함께라면 어디든지 갈 수 있어.
I can go anywhere if I'm with you.

너와 함께라면 그 무엇도 두렵지 않아.
I'm not afraid of anything if I'm with you.

당신과 함께라면 도전할 수 있을 것 같아요.
I think I can give it a try if I'm with you.

이 카메라와 함께라면 당신도 사진작가가 될 수 있습니다.
With this camera, you can become a photographer.

저희 회사와 함께라면 당신도 전문가가 될 수 있습니다.
With our company, you can become an expert.

블랙핑크(BLACKPINK) · Forever Young

불과 관련된 표현들 Expressions related to fire

불꽃

불꽃 is a flame from a burning fire and usually refers to fires of a small size. It's also used to refer a tiny flame produced when stones or metals collide, or a flash of light generated by electricity.

· 코드를 콘센트에 꽂았더니 불꽃이 튀어서 깜짝 놀랐다.
  When I plugged the cord into an outlet, I was startled by a spark.

The most common expression using this word is 불꽃놀이, which refers to beautiful fireworks display lighting the night sky during an outdoor event.

· 오늘 밤에 여의도에서 불꽃놀이를 한다고 하는데 같이 갈래?
  There are fireworks in Yeouido tonight. Would you like to go with me?

불을 지르다

The literal meaning of this expression is to set fire to something like a building.

· 경찰이 공장에 불을 지른 범인을 드디어 잡았다고 한다.
  The police have finally caught the culprit who set fire to the factory.

When used with 마음에 or 가슴에, it means to arouse passion.

· 남자 아이돌 그룹의 무대 퍼포먼스는 팬들의 마음에 불을 질렀다.
  The stage performance of the boy idol group set the fans' hearts on fire.

타오르다

This means that a fire is burning more and more intensely. If you use it with an expression such as 활활, the sense of burning gets stronger. It can also be used when the red color of something like autumn leaves or a sunset becomes deeper.

· 1층에서 시작한 불은 순식간에 5층까지 타올랐다.
  The fire that started on the first floor burned up to the fifth floor in a flash.

When feelings such as jealousy, anger, or passion grow intense or when the atmosphere is kindled, this expression can be used.

· 뜨겁게 타오르는 응원의 열기 속에서 축구 경기가 열렸다.
  A soccer match was held in the blazing heat of the crowd's cheers.

Track 008

 안녕? 오늘 수업 다 끝났지? 오늘 **불꽃놀이** 구경하러 가려고 하는데 같이 갈래?

좋아. 그럼 언제 갈까?

 지금 바로 출발하자. 어? 그런데 너 가방 어디 있어?

앗! 나 **가방을 교실에 둔 채** 그냥 나왔네. 조금만 기다려. 금방 갔다 올게.

_ ☐ ✕

 여기는 뜨겁게 **타오르는** K-Pop의 열기를 느낄 수 있는 콘서트 현장입니다. 팬 두 분과 인터뷰를 해 보겠습니다. 오늘 콘서트 어떻게 보셨나요?

너무 좋아요. 오빠들이 제 마음에 **불을 질렀어요.**

너무 멋있어요. 불꽃처럼 빛나는 오빠들을 보면서 **오빠들과 함께라면** 어디든지 따라 갈 수 있겠다는 생각이 들었어요.

 네, 정말 대단한 무대였죠. 두 분 인터뷰 고맙습니다.

바로 right away | 출발하다 to go, to start | 두다 to leave | 금방 soon | 열기 passion | 현장 venue | 팬 fan | 인터뷰 interview | 따라가다 to follow

블랙핑크(BLACKPINK) • Forever Young

동안 & 철부지
Young in Appearance
Immature in Thought

누나는 진짜 동안이다. 나보다 어려 보여. 헤헤~ 부탁이 있는데
나 용돈 좀 줘.

You look really young for your age. You look even younger than me. Hehe~ I have
something to ask you. Give me some pocket money.

이 철부지야. 넌 언제까지 용돈 달라고 할 거야?

How immature you are. How long are you going to keep asking me for pocket money?

In the past, 동안 was used to refer to a baby face. Nowadays, it means that someone
looks young for their age. In Korea, it's normal for people who don't know each other
well to ask how old someone is. If you ask someone and they turn out to be older than
you thought, you can compliment them by saying "동안이시네요." (You look young for your
age.)

You can describe people who act immaturely although they're old enough to know better
as 철이 없다 or 철부지. The word 철부지 originally meant a child who couldn't distinguish
between right and wrong. 철부지 is also used to refer to people who are too dependent
on others despite being older, or those who don't act their age. In the past agrarian
society, in which farming according to the seasons was important, 철부지 meant a person
who ruined his farming because he didn't recognize the change of 철 (seasons). Now, it
has come to mean a person who does things without understanding the situation.

뚜두뚜두

아직은 잘 모르겠지

굳이 원하면 test me

넌 불 보듯이 뻔해

만만한 걸 원했다면

ABOUT THE SONG

"DDU-DU DDU-DU" is the title song off of BLACKPINK's first mini-album, «SQUARE UP», which was released on June 15, 2018. It's the most played K-Pop music video on YouTube, having surpassed 1.5 billion views as of April 2021. It imprinted on the public the image of sophisticated and independent young women, with a "girl crush" impression that's unique to BLACKPINK. "DDU-DU DDU-DU" expresses the sound of gunfire. At first, the title might be difficult to read, but once you listen to the song, you'll soon be able to sing along to the rhythm.

뚜두뚜두

착한 얼굴에 그렇지 못한 태도
가녀린 몸매 속 가려진 volume은 두 배로
거침없이 직진 굳이 보진 않지 눈치
Black 하면 Pink 우린 예쁘장한 Savage

원할 땐 대놓고 뺏지
넌 뭘 해도 칼로 물 베기
두 손엔 가득한 fat check
궁금하면 해 봐 fact check
눈높인 꼭대기
물 만난 물고기
좀 독해 난 Toxic
You 혹해 I'm Foxy

★두 번 생각해
흔한 남들처럼 착한 척은 못 하니까
착각하지 마
쉽게 웃어 주는 건 날 위한 거야

아직은 잘 모르겠지
굳이 원하면 test me
넌 불 보듯이 뻔해
만만한 걸 원했다면

Oh wait til' I do what I do
Hit you with that ddu-du ddu-du du
Hit you with that ddu-du ddu-du du

지금 내가 걸어가는 거린
BLACKPINK 4 way 사거리
동서남북 사방으로 run it
너네 버킷리스트 싹 다 I bought it
널 당기는 것도 멀리 밀치는 것도
제멋대로 하는 bad girl
좋건 싫어하건 누가 뭐라 하던
When the bass drop it's another banger

★Repeat

(×2) What you gonna do when I come come through with that
that uh uh huh

뜨거워 뜨거워 뜨거워 like fire
뜨거워 뜨거워 뜨거워 like fire

뜨거워 뜨거워 뜨거워 like fire

뜨거워 뜨거워 뜨거워 like fire

Hit you with that ddu-du ddu-du du

1 착각하지 마. 난 너 안 좋아해.

Track 009

착각하지 마 is an expression made from the verb 착각하다, which means mistaking or confusing one thing for another thing, and "V–지 말다," which indicates a demand, obligation or permission. It's used to mean "Don't get me wrong," or, "Don't think like that." It's also frequently used to advise others not to flatter themselves.

너한테 관심 없으니까 착각하지 마.
I'm not into you. Don't flatter yourself.

착각하지 마. 너 주려고 산 거 아니야.
Don't flatter yourself. I didn't buy it for you.

혼자만의 능력으로 성공했다고 착각하지 마.
Don't flatter yourself by thinking you succeeded on your abilities alone.

네가 노래를 잘 부른다고 착각하지 마. 넌 아직 실력이 많이 부족해.
Don't flatter yourself by saying that you sing well. Your skills still fall short.

착각하지 마. 사람들은 널 좋아하는 게 아니라
네 돈을 좋아하는 거야.
Don't flatter yourself. People don't love you, they love your money.

2

오늘도 늦게 올 게 불 보듯이 뻔해.

뻔하다 guesses with certainty about a certain situation, and is generally used in the form of "A/V-(으)ㄹ 게 뻔하다." It's also used frequently in idiomatic expressions. 안 봐도 뻔하다 means that something is so obvious that is should be clear without even having to see it. 불 보듯이 뻔하다 is used to express that something is as obvious as seeing a fire in front of you.

블랙핑크의 새 노래도 좋을 게 뻔해.
BLACKPINK's new song is sure to be good too.

오빠는 아직 자고 있을 거야. 안 봐도 뻔해.
My brother is still sleeping. It's so obvious that you don't even need to check.

집에 늦게 간다고 말하면 아빠가 화를 낼 게 뻔해.
If I tell Dad I'm coming home late, he'll obviously be mad at me.

학교에 안경을 끼고 가면 친구들이 날 놀릴 게 뻔해.
If I wear glasses to school, my friends will obviously make fun of me.

저 둘은 곧 헤어질 게 불 보듯이 뻔해. 매일 싸우잖아.
It's obvious that those two will surely break up soon. They quarrel every day.

곧 헤어질 게
불 보듯이 뻔해.

Track 011

칼로 물 베기

Everyone knows that water can't be cut with a knife, because even if it's cut, it quickly returns to its original state. Likewise, if two people, after quarreling, quickly return to their original state and get along with each other again, this is 칼로 물 베기.

· 저 부부는 어제 그렇게 싸우더니 벌써 화해했나 봐요. 역시 '부부 싸움은 칼로 물 베기'네요.

The couple fought seriously yesterday, but they must have already made up with each other. After all, nothing changes from a lovers' quarrel.

물 만난 (물)고기

A fish out of water can't breathe, but is soon able to breathe and move once more when it returns to water again. 물 만난 (물)고기 is used metaphorically to express leaving a situation that doesn't suit you well and coming into your comfort zone so that you can express yourself and show off.

· 아이들은 수영장에 도착하자 물 만난 물고기처럼 신이 났다.

As the children arrived at the pool, they were as excited as fish in water.

눈이 높다

눈이 높다 means that someone's standards are above average. It's often used to refer to a person who only seeks out good things when making a choice. In general, it's most often used to mean that someone is too picky when choosing a partner for dating or marriage. In the song, the line "눈높인 꼭대기" ("My expectations are at the peak.") means that one's standard for choosing a partner is as high as the top of a mountain.

· 팀장님은 눈이 너무 높아서 어떤 남자를 소개시켜 줘도 다 마음에 들지 않는대요.

My team leader is too picky, so she doesn't like any of the guys she's ever been set up with.

Track 012

 이 선물 뭐야? 나 주려고 산 거야?

착각하지 마. 네 선물 아니야. 남자 친구 줄 거야.

 너 어제 남자 친구랑 싸웠다고 했잖아.

벌써 화해했지.

 역시 사랑싸움은 **칼로 물베기야**.

─ ☐ ✕

 너희 오빠 이번 K-Pop 댄스 대회에 참가한다면서?

응, 우리 오빠 실력으로는 **떨어질 게 불 보듯이 뻔한데** 왜 나가는지 모르겠어.

 그러게. 내가 작년 대회를 봤는데 참가자들 대부분이 정말 **물 만난 물고기처럼** 잘 춤추더라.

나도 얘기했는데, 그래도 오빠는 꼭 도전해 보고 싶대.

선물 present | 벌써 already | 화해하다 to make up | 싸움 quarrel | 대회에 참가하다(나가다) to take part in | 실력 skill | 에 떨어지다 to fail | 도전하다 to give something a try

눈치
Social Cues

무슨 일 있어? 왜 아까부터 자꾸 팀장님 눈치를 보고 있어?
Is something wrong? Why do you keep trying to read the team leader's face?

팀장님 기분이 안 좋아 보여서 일찍 퇴근하겠다고 말을 못 하겠어.
I can't say I'm going to leave work early because he doesn't seem to be in a good mood.

There's one thing you really need to live in Korea: 눈치. 눈치 refers to reading the atmosphere to find out how others feel or what they want even if they don't express it. Thus, 눈치를 보다 (or 살피다) means that one walks on eggshells to read the room or the feelings of others. When you need to do this, you can say 눈치가 보이다. If someone is quick-witted or picks up on something, you can say 눈치가 있다 (or 빠르다). On the other hand, when someone can't take a hint or has no tact, you can say 눈치가 없다 (or 느리다).

Kill This Love

나 어떡해 나약한 날 견딜 수 없어

애써 두 눈을 가린 채

사랑의 숨통을 끊어야겠어

ABOUT THE SONG

This is the title song from BLACKPINK's mini-album released in 2019. The intense lead brass and drum sound that resonates at the beginning of the song is impressive. These sounds give the impression of a marching song. In the last part of the music video, a marching band appears and dances together with the group. The strong lyrics about killing a false feeling of love create a blaze with BLACKPINK's unique charm.

Kill This Love

천사 같은 Hi 끝엔 악마 같은 Bye

매번 미칠듯한 High 뒤엔 뱉어야 하는 Price

이건 답이 없는 Test 매번 속더라도 Yes

딱한 감정의 노예

얼어 죽을 사랑해

Here I come kick in the door

가장 독한 걸로 줘

뻔하디 뻔한 그 love

더 내놔 봐 give me some more

알아서 매달려 벼랑 끝에

한마디면 또 like 헤벌레 해

그 따뜻한 떨림이 새빨간 설렘이

마치 heaven 같겠지만 you might not get in it

Look at me Look at you 누가 더 아플까?

You smart 누가? You are

두 눈에 피눈물 흐르게 된다면

So sorry 누가? You are

★나 어떡해 나약한 날 견딜 수 없어

애써 두 눈을 가린 채

사랑의 숨통을 끊어야겠어

Let's kill this love

Feelin' like a sinner

Its so fire with him I go boo hoo

He said you look crazy

Thank you baby

I owe it all to you

Got me all messed up

His love is my favorite

But you plus me sadly can be dangerous

Lucky me Lucky you

결국엔 거짓말 we lie

So what so what

만약에 내가 널 지우게

된다면 So sorry

I'm not sorry

＊Repeat

We all commit to love

That makes you cry

We're all making love

That kills you inside

We must kill this love

Yeah it's sad but true

Gotta kill this love

Before it kills you too

Kill this love

Yeah it's sad but true

Gotta kill this love

Gotta kill let's kill this love

1 나 어떡해?

어떡해? is the shortened form of 어떻게 해? When you're in a difficult situation without a solution, you can use it to ask for advice or to express discontent or sorrow. You can add the specific situation either before or after this expression. If seeking advice from others more straightforwardly, you can also make it into an interrogative sentence such as 어떡하면 좋겠니? or 어떡하면 좋겠어?

나 어떡해? 네가 너무 좋아.
What should I do? I really like you.

어떡해? 휴대폰을 택시에 놓고 내렸어.
What should I do? I left my cell phone in a taxi.

그 사람과 얘기가 안 통하면 어떡하죠?
What should I do if I can't communicate with that person?

선생님, 교과서를 안 가져왔는데 어떡하죠?
Sir, I didn't bring my textbook. What should I do?

차가 너무 막히는데 어떡하면 좋겠어요?
There's a severe traffic jam. What should we do?

2 외로워서 견딜 수 없어.

Track 014

"V–(으)ㄹ 수 없다" indicates that something can't be done or is unavailable. To emphasize the meaning, you can say "V–(으)ㄹ 수가 없어," adding the particle 가. 견디다 means that one endures or tolerates a difficult situation, and is usually used with noun object related to pain, sorrow, hard work, and difficult situations. The repetitive line "견딜 수 없어" in the chorus of this song indicates that one is too upset to tolerate the situation any longer.

나는 너 없이 살 수 없어.
I can't live without you.

너무 졸려서 견딜 수가 없어.
I'm so sleepy that I can't stand it.

동생한테 화가 나서 참을 수가 없어.
He drives me crazy. I've had enough of my brother.

회사 일이 많아서 도무지 쉴 수가 없어요.
I have a lot of work, so I can't take a break.

나는 지금 이 상황이 견딜 수 없이 싫어.
I can't stand this situation.

블랙핑크(BLACKPINK) · Kill This Love

다양한 관용 표현 Various idioms

Track 015

얼어 죽다

얼어 죽다 literally means that it's cold enough to die.

· 나는 얼어 죽어도 저 패딩을 안 입을 거야. 너무 촌스럽잖아.
  Even if I freeze to death, I won't wear that padded coat. It's so out of style.

As an idiom, it can be used to degrade or belittle someone who you think is saying something that doesn't make any sense at all. In general, it's used in the form of "얼어 죽을" and followed by a noun.

· 사랑하니까 결혼한다고? 사랑은 무슨 얼어 죽을 사랑. 결혼은 현실이야.
  You're marrying for love? What a ridiculous idea. Marriage is reality.

뻔하디 뻔하다

뻔하디 is used to emphasize 뻔하다 when referring to a future situation or event that's easy to predict based on previous experiences. Generally, 뻔하디 뻔한 is followed by a noun.

· 뻔하디 뻔한 변명 좀 그만해.
  Stop with the flimsy excuses.

벼랑 끝에 매달리다

This means that one has reached a dead end and that there's no way to move beyond it.

· 이제 라면 살 돈도 없어. 완전히 벼랑 끝에 매달린 기분이야.
  I don't even have a single cent for ramyeon. I'm really at the end of my rope.

Track 016

 왜 이렇게 늦었어?

아, 미안 일찍 나왔는데 차가 너무 막혀서…….

 뻔하디 뻔한 핑계, 이제 좀 지겹다.

미안, 내가 진심으로 사과할게.

 사과는 무슨 **얼어 죽을 사과**.
맨날 사과하지 말고 제발 약속 좀 지켜.

_ □ ✕

 내일 시험인데 공부 하나도 못했어.

오늘 밤을 새워서 공부하면 될 거야.
내가 도와줄게.

(30분 후)

 나 어떡해? 너무 졸려서 **견딜 수가 없어.**

내 생각에는…… 그냥 자는 게 낫겠다.

핑계 excuse | 지겹다 to be fed up with | 밤을 새우다 to stay up all night | 낫다 to be better

새빨간 거짓말
An Outright Lie

쟤가 그렇게 성격이 안 좋다면서?
I heard her personality is really bad.

그거 새빨간 거짓말이야. 얼마나 착한데.
That's an outright lie. She's so kind.

Some Korean expressions use colors to indicate the degree of something. When the prefix 새– is added to these color adjectives, it emphasizes the deepness and vividness of the color. A typical example of this is 새빨간 거짓말 (a bright red lie), which means an outright lie without a single truth to it. This song uses the phrase 새빨간 설렘 (bright red excitement), which isn't used in actual conversation. It seems that considering the phrase "결국에 거짓말 we lie" that follows, 새빨간 설렘 is used to say that the excitement turned out to be an outright lie. In addition to this expression, there are other combinations of the prefix 새– and colors, such as 새파랗게 젊다, which indicates that someone is very young, and 속이 새까맣게 타다, meaning that someone is very upset or unhappy.

How You Like That

다시 캄캄한 이 곳에 light up the sky

네 두 눈을 보며 I'll kiss you goodbye

실컷 비웃어라 꼴좋으니까

이제 너희 하나 둘 셋

ABOUT THE SONG

Within 24 hours of its release on June 26, 2020, the music video for "How You Like That" racked up 86.3 million views and was certified by the Guinness World Records. BLACKPINK also drew a lot attention for their first comeback performance of this song, wearing hanboks on NBC's leading talk show, "The Tonight Show."

How You Like That

보란 듯이 무너졌어
바닥을 뚫고 저 지하까지
옷 끝자락 잡겠다고
저 높이 두 손을 뻗어 봐도

다시 캄캄한 이곳에 light up the sky
네 두 눈을 보며 I'll kiss you goodbye
실컷 비웃어라 꼴좋으니까
이제 너희 하나 둘 셋

*Ha how you like that?
You gon' like that that that that that
How you like that? How you like that?
How you like that that that that that

Now look at you now look at me
Look at you now look at me
Look at you now look at me

How you like that

Now look at you now look at me
Look at you now look at me

Look at you now look at me

How you like that

Your girl need it all and that's a hundred
백 개 중에 백 내 몫을 원해
Karma come and get some
딱하지만 어쩔 수 없잖아
What's up, I'm right back
방아쇠를 cock back
Plain Jane get hijacked
Don't like me? Then tell me how you like that

더 캄캄한 이곳에 shine like the stars
그 미소를 띠며 I'll kiss you goodbye
실컷 비웃어라 꼴좋으니까
이제 너희 하나 둘 셋

＊Repeat

날개 잃은 채로 추락했던 날
어두운 나날 속에 갇혀 있던 날
그때쯤에 넌 날 끝내야 했어
Look up in the sky it's a bird it's a plane

Bring out your boss bish
BLACKPINK!

How you like that
You gon' like that
How you like that

1 네 두 눈을 보며 말할게.

Track 017

"V₁-(으)며 V₂" indicates that action 2 is being performed at the same time as action 1. In the song, the line "네 두 눈을 보며 I will kiss you goodbye" uses Korean and English together. If written entirely in Korean, it becomes "네 두 눈을 보며 너에게 이별의 키스를 해 줄게." ★ "V-(으) 면서" has the same meaning as "V-(으)며," but "V-(으)며" is frequently used in writing, while "V-(으)면서" is used when speaking.

음악을 들으며 운동을 했어.
I exercised while listening to music.

내 두 눈을 보며 사실대로 말해 봐.
Look into my eyes and tell me the truth.

그 남자가 미소를 띠며 내게 걸어왔어.
The man walked over to me smiling.

친구가 화를 내며 말했어.
My friend spoke to me, losing his temper.

★ 어제 영화를 보면서 울었어.
Yesterday, I cried while watching a movie.

내 두 눈을 보며
사실대로 말해 봐.

54

2 실컷 웃어라.

Track 018

실컷 is an adverb indicating a desired amount. When used in imperative sentences, it means that the listener should do something as much as they want. On occasion, it can have the sarcastic nuance of "enough is enough," meaning that the listener should stop. In Korean, verb endings for the imperative form include "V-아/어," "V-아라/어라," "V-(으)세요," "V-(으)십시오," etc.

주말이니까 실컷 자.
It's the weekend, so sleep as much as you'd like.

먹고 싶은 만큼 실컷 먹어.
Eat as much as you want.

비웃고 싶으면 실컷 비웃어.
If you want to laugh at me, laugh all you want.

놀고 싶으면 혼자서 실컷 놀아라. 난 갈게.
If you want to have fun, have all the fun you want on your own. I'm leaving.

그래, 너 하고 싶은 대로 실컷 해 봐라. 잘되나 보자.
Okay, do whatever you want. We'll see how well that goes.

블랙핑크(BLACKPINK) • How You Like That

몫

몫 is the value of a large number divided by a smaller number.

· 8을 4로 나누면 몫은 2이다.
When 8 is divided by 4, the quotient is 2.

It also means a portion or certain amount of money given to one person when the whole is divided into several parts. This can be the result of doing something good or of a responsibility one has to undertake.

· 이번 일을 성공적으로 끝내면 내 몫은 얼마예요?
How much is my share if we successfully complete this task?

· 설명은 다 했으니 결정은 너의 몫이다.
I've explained everything, so now the decision is up to you.

꼴

꼴 refers to the shape or form of something.

· 밀가루를 둥근 꼴로 반죽해 주세요.
Please use the flour to make the dough into a round shape.

It's also used when negatively expressing how one looks, one's condition, or the way things work out. 꼴좋다 is an expression used when speaking sarcastically about a condescending person who fails at something.

· 회사 돌아가는 꼴이 엉망이다.
The way things work in this company is so messed up.

· 잘난 척하더니 꼴좋다.
It serves you right. You have such a big head.

Track 020

 우리 이제 헤어져. 미안.

거짓말이지? **내 눈을 보면서** 다시 말해 봐.

 아니, 난 지금 너보다 일이 더 중요해.

좋아. 선택은 네 **몫**이지만 나중에 후회하지 마.

_ □ ×

 너 지난번에 나간 K-Pop 노래 대회 어떻게 됐어?

상 못 받았어. 노래 잘 하는 사람이 너무 많더라.

 잘난 척하더니 **꼴좋다**.

그래, **실컷 비웃어**. 다음에는 꼭 실력을 보여 줄 테니까.

헤어지다 to break up, to part ways | 거짓말 lie | 선택 choice | 후회하다 to regret | 상을 받다 to receive an award | 잘난 척하다 to be arrogant | 실력을 보여 주다 to show one's talent

체면
Face

지난번에 나간 노래 대회는 어떻게 됐어?
How was the last singing contest you participated in?

내가 보란 듯이 대상을 받았지.
I proudly took first prize.

Yangbans, the noble class of the Joseon Dynasty, valued their 체면. 체면 originally meant "to have nothing that makes one ashamed." However, the meaning has gradually changed and it has come to refer to pretending to have something even if one has nothing. In other words, people have come to think that how they look to others is more important than their true self. 여봐란듯이 ("for show") is a word derived from an attitude that values saving face. It literally means "as if one said 'look here'" and refers to showing off or boasting about what one has done well. Generally, this expression is used as 보란 듯이, usually used as in 보란 듯이 성공했다 (to succeed with confidence) to refer to a positive result. It also can be used in 보란 듯이 무너졌어 (to visibly fall apart) to emphasize a conspicuous failure.

#2

스트레이 키즈

Stray Kids

• 神(신)메뉴 • 소리꾼

Stray Kids is an 8-member boy band formed by JYP Entertainment. Just as TWICE was formed through Mnet's survival program "Sixteen," Stray Kids was also formed as a team through a survival program of the same name, "Stray Kids," in 2017. The unique feature that distinguished the program from other survival shows was that the trainees built and perfected their own musical identity and worldview for themselves in order to debut. "Stray Kids" means "runaway kids," representing their identity of seeking to exert their free-spirited charm and distinctive characteristics in an unconventional way. The members are Bang Chan, Lee Know, Changbin, Hyunjin, Han, Felix, Seungmin, and I.N.

神(신)메뉴

그저 계속 만들어가 새롭게

Because we're one of a kind

누구도 따라 할 수 없는 our own game

시작부터 다 우리 꺼

ABOUT THE SONG

This is the title track off Stray Kids' first regular album, «GO Live», released in June 2020. The title "New Menu" has a twofold meaning of being a new song and a god-given song (신 means both "new" and "god"). It has a strong, hip sound incorporating various instruments and features a unique and addictive beat, as well as catchy lyrics with onomatopoeia such as "du, du, du" and "tang, tang, tang." The music video for "New Menu" has over 300 million hits on YouTube and shows Stray Kids' intense performance and experimental spirit.

神(신)메뉴

"네 손님"
어서 오십시오
이 가게는 참 메뉴가 고르기도 쉽죠
뭘 시켜도 오감을 만족하지 하지
지나가던 나그네, 비둘기까지
까치까지 까마귀들까지
Cooking a sauce 입맛대로 털어
음미하고 lick it 말해 bon
Taste so good 반응은 모두 쩔어
But 모두 자극적인 거
I want it till 다 먹일 때까지
연구하지 cross boundaries
경계 따위 없어 마치 창조하듯 소리를 만들지

★그저 계속 만들어 가 새롭게
　Because we're one of a kind
　누구도 따라 할 수 없는 our own game
　시작부터 다 우리 꺼
　잠깐 떠나간다 해도
　결국 다시 찾게 될
　열기가 식지 않는 메뉴 지금부터 싹 다
　입맛에다 때려 박아
　DU DU DU DU DU DU

　이게 우리 탕 탕 탕탕
　DU DU DU DU DU DU

이게 우리 탕 탕 탕탕
지금 바로 눈에 불을 켜
I just wanna taste it, make it hot
새로운 불판 위에 track을 달궈
메뉴 골라 call me up
원하는 걸로 다 serve
DU DU DU DU DU DU
Cookin' like a chef I'm a 5 star 미슐랭
"미"의 정점을 찍고 눈에 보여 illusion
Whoo 첨 느꼈지 이런 감정
놀랄 거야 gonna shock 바로 감전
자물쇠 따 싹 다 unlock
Idea bank 머릿속을 털어 털어
비밀 재료가 궁금하다면
사실 우린 그딴 거 안 써

★Repeat

뭐든 그냥 집어넣어
눈치 보지 말고 더
망설이지 말고 부어
비벼 비벼
"네 손님"
DU DU DU
이게 우리 탕 탕 탕탕
DU DU DU DU DU DU
이게 우리 탕 탕 탕탕
DU DU DU DU DU DU
어서 오십시오
이 가게는 참 메뉴가 고르기도 쉽죠
뭘 시켜도 오감을 만족하지 하지
지나가던 나그네, 비둘기까지 까치까지
DU DU DU DU DU DU

1 새롭게 만들어 가.

Track **021**

"V-아/어 가다" is used to emphasize that an action is and will be in progress as a state from now into the future. This expression is used not only with phrases that indicate the future, such as "-(으)ㄹ 것이다" and "-겠-" but also with phrases like "-(으)세요" and "-(으)ㅂ시다." Additionally, when used in the present tense with adverbs such as "거의" or "다," ★it indicates that an action or situation is about to finish.

열심히 한국어를 배워 갈 거예요.
I will study Korean hard.

지금부터 천천히 서로를 알아 갑시다.
Let's slowly get to know each other better from now on.

서두르지 말고 하나씩 하나씩 해결해 가세요.
Don't rush and take it one step at a time.

부족한 점이 많지만 앞으로 열심히 노력해 가겠습니다.
I will try to work hard regardless of my shortcomings.

★ **집에 거의 다 와 가.**
I'm almost home.

2 우리 거

"N 거" is an expression that indicates who the owner of the object is by putting 거, a bound noun indicating the object, after the name or personal pronoun of the owner. This is a shortened, colloquial form of "N의 것." It should be noted that in this form, 거 is more strongly pronounced and sounds like [꺼]. When using 거 with a word meaning "you," 니 is often used instead of 네. This is because 네, a shortened form of 너의, is pronounced the same as 내, a shortened form of 나의. It also can be used in combination with the predicate 이다. Adding "예요/이에요" makes it "N 거예요," while adding "(이)야" makes it into the informal "N 거야."

이거 내 거야.
It's mine.

제 거 아니에요.
It's not mine.

내 건 왜 이렇게 맵지?
Why is mine so spicy?

이 휴대폰 손님 거 아닌가요?
Isn't this cell phone yours?

여기 있는 가방 누구 거예요?
Whose bag is this?

손님, 이 휴대폰 손님 거 아닌가요?

중의적 의미를 가진 표현 Expressions with multiple meanings

Track 023

신

The native Korean word 신 means "shoes," but the Sino-Korean word 신 has several different meanings. Typically, 신 (新) is used as a prefix meaning "new," and 신 (神) is used as a noun meaning "god" (a transcendental being). In general, 신메뉴 refers to a new menu item at a restaurant, but in the title of the song, 신 (神) is used instead of 신 (新), connoting a twofold meaning.

· 어제 새로 산 신은 편해?
  Are the new shoes you bought yesterday comfortable?

· 스트레이 키즈의 신곡은 언제 나와?
  When is Stray Kids' new song coming out?

· 신이 있다고 믿습니까?
  Do you believe in God?

탕

탕 refers to a broth based dish made by boiling ingredients in water and is similar to 국. 탕 differs from typical 국 because it has a thicker broth as a result of simmering for a longer time. The names of broth-based dishes cooked in this way include 탕, such as galbitang and samgyetang. 탕 can also be found in the word 목욕탕, which refers to a facility that contains water for bathing, such as a bathhouse or bathtub. A bath with warm water is called 온탕 and a bath with cold water is 냉탕. An additional meaning of 탕 is used to describe the sound of a solid object being hit hard or a gun being shot.

· 내일은 복날이니까 삼계탕 먹으러 가자.
  Tomorrow is bok-nal [one of the hottest days of the year]. Let's go have samgyetang.

· 어렸을 때는 엄마를 따라서 목욕탕에 많이 갔는데 이제는 집에서 샤워만 한다.
  When I was young, mom used to take me to a bathhouse a lot, but now I only shower at home.

· 잠을 자려고 침대에 누웠는데 밖에서 '탕탕' 총소리가 났다.
  As I was lying in bed trying to sleep, there was the "bang, bang" sound of gunshots outside.

Track 024

 결혼 준비는 **잘 돼 가**?

모르겠어. 계속 뭔가 문제가 생기네.

 원래 결혼 준비할 때는 다 그래.
한꺼번에 다 해결하려고 하지 말고
하나씩 **해결해 가**.

그래, 알겠어.

— ☐ ✕

 비빔밥 누가 시켰어?

아, 그거 **내 거야**.

 삼계탕은?

탕은 **엄마 거**.

뭔가 some | 원래 originally, naturally | 다 그래. Everyone is like that. | 한꺼번에 all at once | 하나씩 one by one |
시키다 to order

스테이 키즈(Stray Kids) · 神(신)메뉴

새와 속담
Proverbs about Birds

참새 Sparrow

"참새가 방앗간을 그저 지나랴."

Just as a sparrow cannot just pass through a mill containing a lot of grain, greedy people are unable to just let something go that they think benefits them. Sparrows are considered small but foolish and greedy creatures.

까마귀 Crow

"까마귀 날자 배 떨어진다."

The proverb, "When a crow flies, a pear falls," means that even if it's just a coincidence that a crow takes flight from a pear tree and a pear falls at the same time, people are suspicious of crows for no reason. Crows have a negative image that causes them to be suspected even in such trivial matters.

황새 & 뱁새 Stork & Korean crow-tit

"뱁새가 황새를 따라가면 다리가 찢어진다."

The Korean crow-tit is a small bird common to Korea. It is only about 13 cm tall and has short legs. The stork, on the other hand, is a large bird over 100 cm tall with a very long beak and legs. This proverb means that a crow-tit can break its short legs if it tries to walk like a long-legged stork. This indicates that if someone tries to imitate his betters without the proper abilities, he ends up ruining himself.

소리꾼

악당 무리에 뜨거운 피가 돌아 온몸에 번져

소문난 꾼들의 모임에 쏟아지는 눈빛은

Freezing cold but I know we'll burn forever

해보라는 태도 난 여전히

할 말을 내뱉지 퉤 퉤 퉤

ABOUT THE SONG

This is the title track of the 2nd studio album, «NOEASY» which was released in August 2021. Alongside traditional Korean pansori music, Stray Kids perform a strong and powerful song. The English title is "Thunderous," and the lyrics and colorful sound prevail throughout. Two months after its release, the music video had 100 million hits on YouTube and the song was picked as one of Billboard's "25 Best K-Pop Songs of 2021." It conveys the message that Stray Kids are showing their confidence to voice their own sound to people who keep finding faults and nagging.

소리꾼

Oh 소리를 지르는 내가 oh
창빈이란다 내 자리는 내가 취한다
태도는 터프하게
트랙 위를 폭주하는 기관차 ey
몰아치는 허리케인에 뒤집어진 우산
잔소리꾼의 최후 하하 꼴이 좋구나
나무꾼은 어서 돌아가시오
여긴 나무랄 데가 없네
납작해질 리 없는
콧대 목 핏대와 함께 세운 줏대
훨씬 더 웅장하게 내는 경적 소리 빵빵 빵빵

★Here they come
악당 무리에 뜨거운 피가 돌아 온몸에 번져
소문난 꾼들의 모임에 쏟아지는 눈빛은
Freezing cold but I know we'll burn forever
해보라는 태도 난 여전히
할 말을 내뱉지 퉤 퉤 퉤
소리꾼
소리꾼 (퉤 퉤 퉤)
소리꾼

Man I'm not sorry, I'm dirty
우르르쾅쾅쾅쾅 천둥 (빠라바밤)
구름 타고 두둥 (빠라바밤)
바람과 함께 등장한 꾼
BANG BANG BANG BOOM
Man I'm not sorry, I'm dirty

Keep on talking, we don't play by the rules
그래 다들 헛소리소리소리

이거저거 귀찮아서 도리도리
말이 너무 많아 자꾸 나서지 좀 말아
Why you mad? Why you sad?
Why you 틱틱틱
Out of 안중
얼레리 꼴레리 멋있는 척들이 앙증
발끝조차도 따라오지 못해 여긴 내 판들
들어 봐 (What's up?)
질투가 (나나 봐)
전부 한쪽으로 치워 놓고 버려

*Repeat

Man I'm not sorry, I'm dirty
꾼들이 왔어요 (huh)
꾼들이 왔어요 (비켜라)
날이면 날마다 오는 날이 아닌 오늘
소리꾼들이 왔어요
원래 삐딱해 소리는 일당백
맘에 안 들면 들 때까지 말대답해
Final warning 당장 back up
뱉어
센 척
Back off
할 말을 내뱉지 퉤 퉤 퉤
소리꾼
소리꾼
Man I'm not sorry, I'm dirty
우르르쾅쾅쾅 천둥 (빠라바밤)
구름 타고 두둥 (빠라바밤)
바람과 함께 등장한 꾼
BANG BANG BANG BOOM
Man I'm not sorry, I'm dirty
Keep on talking, we don't play by the rules

1 말이 너무 많아.

Track 025

"N이/가 너무 많다"는 is used to express an excessive quantity of something. Since there is no distinction between countable and uncountable nouns in Korean, the adjective 많다 can be used with any kind of noun.

요즘 약속이 너무 많아.
I have too many appointments these days.

오늘 할 일이 너무 많아.
I have too many things to do.

길에 차가 너무 많아요.
There are too many cars on the road.

지하철에 사람이 너무 많아요.
The subway is packed with too many people.

밥이 너무 많아요. 조금만 주세요.
This is too much rice. Just give me a little bit, please.

밥이 너무 많아요.
조금만 주세요.

2

날이면 날마다 오는 날이 아니에요.

Track 026

"날이면 날마다 오는 N이/가 아니다" is used to emphasize that N is not a common event but a special opportunity. 날이면 날마다 means "every single day." After 날이면 날마다, the conjugated form of 오다, 오는, is mainly used, but other verbs or 있다 can also be used instead. ★When 날이면 날마다 is used on its own, it means "very often."

날이면 날마다 오는 게 아니에요.
It isn't the kind of thing that comes along every day.

날이면 날마다 오는 기회가 아니야.
This isn't the kind of chance that comes along day after day.

날이면 날마다 오는 세일이 아닙니다.
You don't get this kind of sale every day.

날이면 날마다 있는 전시회가 아니에요.
This isn't the kind of exhibition you see every day.

★ 날이면 날마다 컴퓨터를 사 달라고 해요.
He keeps insisting every single day that we should buy him a computer.

Track 027

지르다

This means raising your voice and making a loud noise. It is often used in the expressions 소리를 지르다 or 비명을 지르다. 비명을 지르다 refers the cry one makes when scared or in an emergency situation.

· 아이돌이 지나갈 때 많은 팬들이 "꺅!"하고 소리를 질렀다.
  When the idols passed by, many fans shouted with screeching sounds.

· 밖에서 비명을 지르는 여자의 목소리를 듣고 재빨리 경찰에 신고했다.
  I heard a woman screaming outside and quickly called the police.

내뱉다

내뱉다 is mainly used to describe when negative words or sounds come from someone's mouth. When describing the act of spitting actual substances out of one's mouth, 뱉다 is often used.

· 생각 나는 대로 아무 말이나 내뱉지 마세요.
  Don't just spit out whatever thoughts cross your mind.

· 목에 낀 가래를 있는 힘껏 내뱉었다.
  He spat out as much phlegm from his throat as possible.

-꾼

This is attached to the end of a noun to refer to a person who is good at a task or hobby. The suffix can often convey a negative nuance, such as in words like 술꾼 and 싸움꾼, but can also be used in a positive sense, such as in 재주꾼 or 살림꾼. In the past "-꾼" used to disparagingly refer to a person who does something as their profession. Now, it is sometimes used alone as a vulgar term to refer to a person who is good at something that they enjoy.

· 원래는 술을 못 마셨는데 자꾸 마시다 보니 술꾼이 됐어요.
  I used to not be able to drink, but I kept drinking and turned into a boozer.

· 사기꾼한테 속아서 돈 1,000만 원을 잃었어요.
  I was cheated out of ten million won by a crook.

Track 028

 사람이 너무 많다. 그리고 왜 이렇게 소리를 지르는 거야?

조금 있다가 여기에서 아이돌이 공연을 하거든.

 그래서 이렇게 사람이 많았구나.

날이면 날마다 오는 기회가 아닌데 우리도 공연 좀 보고 갈까?

_ □ ×

 내뱉지 말아야 할 말을 남자 친구한테 해 버렸어.

뭐라고 했는데?

 잔소리꾼이냐고. 잔소리 좀 하지 말라고.

아이고, 너도 그렇고 남자 친구도 기분이 많이 안 좋겠다.

공연 performance | 잔소리 nagging

스트레이키즈(Stray Kids) • 소리꾼

한국의 전통 음악
Traditional Korean Music

판소리 Pansori

Pansori is one of Korea's forms of traditional music. Performing pansori is referred to in Korean as "소리를 하다" ("doing sound"). Likewise, a singer of pansori is called a 소리꾼 (sorikkun), meaning "a person who makes sound." A 소리꾼 does not simply sing, but also acts with gestures and lines during the performance. They perform songs as if they were speaking in a rhythm, which is similar in some ways to rap. Along with the 소리꾼, a 고수 (gosu) plays the role of setting the mood by beating a rhythm on a buk drum. To show that the 고수 is excited, they say, "좋다 (jota), 얼쑤 (eolssu), 지화자 (jihwaja)," words which are called 추임새 (chuimse).

사물놀이와 전통 악기 Samulnori and Traditional Instruments

In Korea, when a festival or feast is held, a performance troupe plays traditional instruments to boost the excitement. Their music is called 풍물놀이 (pungmulnori). These days, 사물놀이 (samulnori), in which four instruments are played by seated performers, is more commonly known. The four musical instruments of samulnori are the 북 (buk), 장구 (janggu), 꽹과리 (kwaenggwari), and 징 (jing). 북 stands for clouds, 장구 for rain, 꽹과리 for thunder, and 징 for wind. Here we can guess why the clouds, wind, and thunder appear in Stray Kids' song "Singer."

#3

트와이스

TWICE

• Cheer Up • TT • What is Love?

TWICE was formed through a performance survival program, SIXTEEN, which aired on Mnet in 2015. The group consists of nine members, including five Korean members (Nayeon, Jeongyeon, Jihyo, Dahyun, and Chaeyoung), three Japanese members (Momo, Sana, and Mina), and Tzuyu from Taiwan. The name TWICE expresses that the group will impress you twice: once through your eyes and once again through your ears. After the program ended, TWICE debuted in October of the same year with the song "Like OOH-AHH." From their debut, they drew a great response from the public, announcing the birth of a JYP super girl group to succeed the Wonder Girls and Miss A. Each of their music videos released on YouTube has more than 100 million views, a global record for the most views among girl groups.

Cheer up

CHEER UP BABY CHEER UP BABY

좀 더 힘을 내

여자가 쉽게 맘을 주면 안 돼

그래야 니가 날 더 좋아하게 될걸

ABOUT THE SONG

This song is the title track from the album «PAGE TWO», released on April 25, 2016. The song topped multiple music charts and was selected as South Korea's best-performing single of 2016. It also won "Song of the Year" at two major music awards shows: the Melon Music Awards and the Mnet Asian Music Awards. "Cheer up" is an English expression used when consoling someone, but in the past, many Korean people mistook it as having the same meaning as "파이팅" ("fighting," an expression for rooting for someone) and used it in that sense. It's still most frequently used to cheer someone on.

Cheer up

매일 울리는 벨벨벨
이젠 나를 배려해 줘
배터리 낭비하긴 싫어
자꾸만 봐 자꾸 자꾸만 와
전화가 펑 터질 것만 같아
몰라 몰라 숨도 못 쉰대
나 때문에 힘들어
쿵 심장이 떨어진대 왜
걔 말은 나 너무 예쁘대
자랑하는 건 아니구
아 아까는 못 받아서 미안해
친구를 만나느라 shy shy shy
만나긴 좀 그렇구 미안해
좀 이따 연락할게 later
조르지 마 얼마 가지 않아
부르게 해 줄게 Baby
아직은 좀 일러 내 맘 갖긴 일러
하지만 더 보여 줄래

★Cheer up baby Cheer up baby
좀 더 힘을 내
여자가 쉽게 맘을 주면 안 돼
그래야 니가 날 더 좋아하게 될걸
태연하게 연기할래 아무렇지 않게
내가 널 좋아하는 맘 모르게
just get it together
and then baby Cheer up

안절부절 목소리가
여기까지 들려

땀에 젖은 전화기가
여기서도 보여
바로 바로 대답하는 것도
매력 없어
메시지만 읽고
확인 안 하는 건 기본
어어어 너무 심했나 boy
이러다가 지칠까 봐
걱정되긴 하고
어어어 안 그러면 내가 더
빠질 것만 같아 빠질 것만 같아
아 답장을 못 해 줘서 미안해
친구를 만나느라 shy shy shy
만나긴 좀 그렇구 미안해
좀 이따 연락할게 later
조르지 마 어디 가지 않아
되어 줄게 너의 Baby
너무 빨린 싫어 성의를 더 보여
내가 널 기다려 줄게

★Repeat

나도 니가 좋아 상처 입을까 봐
걱정되지만 여자니까 이해해 주길
속 마음 들킬까 봐 겁이 나
지금처럼 조금만 더 다가와
그리 오래 걸리진 않아
just get it together
and then baby Cheer up
Be a man a real man
gotta see u love me like a real man
Be a man a real man
gotta see u love me like a real man

★Repeat

1 다른 사람에게 쉽게 맘을 주면 안 돼.

Track 029

"V-(으)면 안 되다" is used when ordering the listener not to do something. A similar expression to it is "V-지 말다". While "V-지 말다" is a pretty straightforward, emphatic expression to deliver a sense of commanding to not do something, "V-(으)면 안 되다" a rather euphemistic expression of telling that the action one is trying to do that moment is prohibited.

이거 먹으면 안 돼.
You should not eat this.

내일 늦게 오면 안 돼.
You shouldn't be late tomorrow.

아무거나 만지면 안 돼.
You shouldn't touch anything.

지하철에서는 음식을 먹으면 안 돼요.
You shouldn't eat food on the subway.

다른 사람에게 거짓말을 하면 안 돼요.
You shouldn't tell a lie to others.

2 시간이 늦어서 오늘 만나긴 좀 그래.

Track 030

"V-긴 좀 그렇다" describes it is difficult to do the action the preceding verb indicates. It is often used when rejecting the request of the listener. It is sometimes written in the form of "V-긴 좀 그렇고", which suggests the second-best choice in the following clause.

친구에게 돈을 빌리긴 좀 그렇다.
I don't feel comfortable about borrowing money from my friend.

내일 출근해야 해서 오늘 술을 마시긴 좀 그래.
I am not comfortable with drinking tonight, because I have to go to work tomorrow.

오늘 만나긴 좀 그렇고 내일 만나자. 미안해.
It seems hard to see you today. Let's meet tomorrow. I am sorry.

큰 가방이 필요한데 사긴 좀 그렇고 친구한테 빌려야겠어.
I need a big bag, but it's a little bit too much to buy it. I am supposed to borrow it from my friend.

사람이 많아서 여기에서 말하긴 좀 그렇고 다른 데로 가자.
It's a bit difficult to tell you about it because there are so many people here. Let's go somewhere else.

트와이스(TWICE) · Cheer Up

좀

좀 is a shortened form of 조금, referring to a small amount or degree. It is often pronounced as [쫌] instead of [좀]. 좀만, to which a particle 만 is added is often used.

· 과자 좀만(= 조금만) 먹어.　Have a little bit with snacks.

Also, when making a request or command, 좀 is used without any special meaning before or in the middle of a sentence.

· 저 좀 도와주세요.　Please help me.

더

더 is an adverb used to modify a verb meaning to be continued or refer to the addition of quantity. Also, it is used to say the degree of something exceeds a certain standard in comparison.

· 여기 반찬 좀 더 주세요.　More side dishes here, please.

When comparing two objects, it is used together with a particle 보다.

· 우리 고향은 한국보다 더 더워요.　My home country is hotter than Korea.

자꾸, 자주

자꾸 and 자주 refer to doing something time and again. 자주 simply refers to the repetition of an action or event.

· 저기는 제가 자주 가는 공원이에요.　It is the park that I often go to.

However, 자꾸 gives a negative connotation because it is used when an event or action transpires exceedingly repeatedly.

· 어제부터 자꾸 이상한 문자가 와요.
　I have kept getting some strange text messages since yesterday.

Track 032

 이 문제 답 **좀** 알려 주면 안 돼?

안 돼. 네 숙제잖아.

 제발 **좀** 부탁해.

좀 더 생각해 봐.

＿ ☐ ✕

 어제 소개팅한 사람한테 **자꾸** 문자가 와.

싫으면 그냥 무시해.

 회사 선배가 소개해 준 거라서 그냥 **무시하긴 그래**.

그러면 메시지를 보내서 정중하게 거절해.

답을 알려 주다 to give an answer │ 제발 please │ 소개팅 blind date │ 문자가 오다 to get a text (message) │
무시하다 to ignore │ 정중하다 to be polite │ 거절하다 to refuse

사투리? 애교?
Dialect? Aegyo?

자기야, 어제 뭐 했어?
Honey, what did you do yesterday?

오전에 잠깐 친구 만나구~ 오후에는 공부했어.
I met a friend for a while in the morning. In the afternoon, I studied.

Standard Korean is based on the way the language is spoken in the Seoul area. However, even in the Seoul area, there are dialects that differ from the standard. One aspect of the typical Seoul dialect is pronouncing the connective ending –고 as [구]. For example, when speaking the sentence "오전에 친구 만나고 오후에 공부했어," in which the connective ending –고 is used, 만나고 can be pronounced [만나구]. This ending [구] sounds cuter than [고], so it feels like 애교 (aegyo). 애교 refers to a cute attitude or behavior done in order to look cute to others. When speaking, 애교 includes changing and elongating pitch the end of a word, like in "싫어요╲╱╲" or adding a nasal consonant like ㅇ or ㅁ after the last vowel, like in "어디양?" or "집이얌."

TT

자꾸 끌려 왜 자꾸 자꾸 끌려 baby

I'm like TT

Just like TT

이런 내 맘 모르고 너무해 너무해

ABOUT THE SONG

This song was released on October 24, 2016 as the title track of the album «TWICEcoaster: LANE 1». Among TWICE's music videos uploaded to YouTube, it maintains the undisputed first place by number of hits. The title "TT" refers to an emoticon representing a crying face. Because of the song title, many people from other countries came to know about Korean emoticons. The choreography that uses fingers to express crying gained popularity.

TT

이러지도 못하는데 저러지도 못하네
그저 바라보며 ba-ba-ba-baby
매일 상상만 해 이름과 함께
쓱 말을 놨네 baby
아직 우린 모르는 사인데
아무거나 걸쳐도 아름다워
거울 속 단둘이서 하는
fashion show show
이번에 정말 꼭꼭 내가 먼저 talk talk
다짐 뿐인걸 매번 다짐 뿐인 걸
나나나나나나나
콧노래가 나오다가 나도 몰래
눈물 날 것 같애
아닌 것 같애 내가 아닌 것 같애
I love you so much

★이미 난 다 컸다고 생각하는데
어쩌면 내 맘인데 왜
내 맘대로 할 수 없는 건 왜
밀어내려고 하면 할수록
자꾸 끌려 왜 자꾸 자꾸 끌려 baby
I'm like TT
Just like TT
이런 내 맘 모르고 너무해 너무해

I'm like TT
Just like TT
Tell me that you'd be my baby

어처구니없다고 해
얼굴값을 못한대
전혀 위로 안 돼 ba-ba-ba-baby
미칠 것 같애
이 와중에 왜
배는 또 고픈 건데
하루 종일 먹기만 하는데
맴매매매 아무 죄도 없는 인형만 때찌
종일 앉아있다가 엎드렸다
시간이 휙휙휙
피부는 왜 이렇게 또 칙칙
자꾸 틱틱거리고만 싶지
엄만 귀찮게 계속 왜왜왜왜왜
나나나나나나나
콧노래가 나오다가 나도 몰래
짜증날 것 같애 화날 것 같애
이런 애가 아닌데
I love you so much

★Repeat

혹시 이런 나를 알까요
이대로 사라져 버리면 안 돼요
이번엔 정말 꼭꼭 내가 먼저 talk talk
다짐 뿐인 걸 매번 다짐 뿐인 걸

★Repeat

1 내 마음도 모르고 너무해.

Track 033

하다 indicates the severity of an action. If used in the form of "V–고 너무해," it combines with "V–고" to mean to be sad or disappointed over the action indicated by V. In a similar sense, the expression ★"V–다니 너무해" is used to show surprise and disappointment about another person's actions, usually to a greater degree than "V–고 너무해."

나만 빼고 놀고 너무해.
It's a bit sad that you guys hung out without me.

내 이름도 모르고 너무해.
It's a bit disappointing that you don't even know my name.

나한테 전화도 안 하고 너무해.
It's a bit sad you didn't call me.

내 생일도 잊어버리고 너무해요.
It's disappointing you forgot my birthday.

★ 약속 시간에 한 시간이나 늦다니 너무하네.
You went too far. You're an hour late for the appointment.

오늘이 생일이야?

내 생일도 잊어버리고 너무해요.

2 널 보니까 눈물이 날 것 같아.

"A/V–(으)ㄹ 것 같다" is used to express supposition about an action or situation that might happen in the future. However, in this song, it expresses the speaker's feelings, mainly in combination with words related to emotions. The Korean line "눈물 날 것 같아" in the song corresponds to the English line "I'm like TT" in the chorus. In principle, 같아 should be pronounced [가타], but many people pronounce it as 같애 [가태].

나 지금 울 것 같아.
I feel like crying.

너무 좋아서 미칠 것 같아.
I love it so much that I'm over the moon.

너랑 계속 얘기하면 화가 날 것 같아.
I think I'm going to get angry if I keep talking to you.

그렇게 계속 변명하면 화가 날 것 같아요.
If you keep making excuses like that, I think I'm going to get mad.

지금 말하지 않으면 나중에 후회할 것 같아요.
I think I'm going to regret it if I don't tell you right now.

드디어 트와이스 새 앨범이 나왔어! 너무 좋아서 미칠 것 같아!

트와이스(TWICE) · TT

행동의 모양새를 표현하는 말들 Mimetic words (words describing movement) | Track 035

쓱

This describes the movement of an object slipping without anybody noticing, or of a person slipping away quickly and quietly.

· 선물을 직접 주기 부끄러우면 책상에 쓱 놓고 나와.
  If you're too shy to give her a present in person, just quietly put it on her desk.

It can also be used to describe something passing by quickly and quietly or moving out of sight quickly.

· 지금 뭐가 쓱 지나가지 않았어? Didn't something just pass by quickly?

꼭

This means "surely," "definitely," or "whatever happens." 반드시 is a similar expression.

· 내일은 꼭 와야 해. You should definitely come tomorrow.

It's also used to express the action of strongly pressing or tightly grasping something. A similar word is 꽉.

· 엄마가 딸을 꼭 안았어요. The mother hugged her daughter tightly.

획

This describes the sound or shape of a sudden, strong wind. It can be used when something is moving or passing by rapidly and suddenly, the way a gust of wind does. Other similar words include 홱 and 휙.

· 내가 불렀는데 고개를 획 돌리더라고.
  When I called him, he spun his head.
· 게임하다 보니 시간이 획 지나갔네.
  Time flew by while I was playing the game.

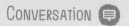

Track 036

 넌 나랑 약속하면 왜 매일 늦어?

게임하다 보니까 시간이 **휙** 지나서……. 미안, 다음에는 **꼭** 일찍 올게.

 항상 **말만 그렇게 하고** 너무해.

_ □ ✕

 아, 내일 정연이 생일인데 선물을 어떻게 주지?

만나서 **직접** 줘. 뭐가 **고민**이야?

 혹시 내 선물을 안 받으면 어떡해? 난 **못할 것 같아**.

그럼 그냥 정연이 가방에 **쓱** 넣어 놔.

약속하다 to have an appointment | 시간이 지나다 time goes by | 말만 그렇게 하다 to be just saying that |
직접 in person | 고민이다 to have a problem | 넣어 놓다 to put something in something else

한국의 이모티콘
Korean Emoticons

As online communication has become more common, the use of emoticons to convey emotions through text or symbols has also become more casual. The use of these emoticons varies by country or region. For example, Western-style emoticons like :), :(, and :-D are mainly arranged vertically and focus on the expression of the mouth, while Korean style emoticons like ^^, T.T, and -_- are arranged horizontally and focus on the expression of the eyes.

Most commonly, "^^" is used for smiling eyes. You can add other elements like a mouth using other letters or characters.

To represent crying, the Korean letters "ㅜ" or "ㅠ", or a capital letter "T" are used. As TWICE's song became a big hit, "TT" became a byword for the crying emoticon, but many Koreans still use the Korean letters "ㅜㅜ" (pronounced [우우]) or "ㅠㅠ" (pronounced [유유]).

Emoticons for neutral, embarrassed, or surprised emotions are also used frequently. "-" represents emotionless eyes or a mouth. ";" indicates sweating. ">.<" is an emoticon that shows eyes shut tight.

What is Love?

사탕처럼 달콤하다는데

하늘을 나는 것 같다는데

I wanna know know know know

What is love

사랑이 어떤 느낌인지

ABOUT THE SONG

This is the title track off of TWICE's 5th mini album, «What is Love?», which shares the name of the song. "What is Love?" is a song about the imagination of a curious girl who learned about love through books, movies, and TV dramas. The music video, which parodies movies that were huge hits in Korea, is impressive. Beautiful scenes from "The Princess Diaries (2001), Ghost (1990), La Boum (1980), Romeo & Juliet (1996), Pulp Fiction (1994), Love Letter (1995), La La Land (2016), and Leon (1994)" were reborn through TWICE's own versions. Looking for the original scenes that are parodied adds an additional layer of fun to watching the music video.

What is Love?

매일같이 영화 속에서나
책 속에서나 드라마 속에서
사랑을 느껴
Um 사랑을 배워
내 일처럼 자꾸 가슴이 뛰어
두근두근거려 설레임에 부풀어 올라
Um 궁금해서 미칠 것만 같아

★Ooh 언젠간 내게도
이런 일이 실제로 일어날까
그게 언제쯤일까 어떤 사람일까
I wanna know
사탕처럼 달콤하다는데
I wanna know
하늘을 나는 것 같다는데
I wanna know know know know
What is love
사랑이 어떤 느낌인지
I wanna know
하루 종일 웃고 있다는데
I wanna know
세상이 다 아름답다는데
I wanna know know know know
What is love
언젠간 나에게도 사랑이 올까

지금 이런 상상만으로도
떠올려만 봐도
가슴이 터질 것 같은데
Um 이렇게 좋은데
만일 언젠가 진짜로 내게

사랑이 올 때 난 울어 버릴지도 몰라
Um 정말 궁금해 미칠 것만 같아

★Repeat

지금 세상 어느 곳에 살고 있는지
도대체 언제쯤 나와 만나게 되는지
언제 어떻게 우리의 인연은
시작될는지 모르지만 느낌이 어쩐지
진짜 좋을 것 같아 왠지
영화 드라마보다도 더 멋진
사랑이 올 거야 내 예감 언제나 맞지
어서 나타나 봐
나는 다 준비가 됐지 Ready
어디 있을까 찾아낼 거야
어디 있을까 보고 싶어 죽겠어
더 이상 참을 수 없을 것만 같아
사탕처럼 달콤하다는데
하늘을 나는 것 같다는데
I wanna know know know know
What is love
사랑이 어떤 느낌인지
하루 종일 웃고 있다는데
세상이 다 아름답다는데
I wanna know know know know
What is love
언젠간 나에게도 사랑이 올까

(×2)
I wanna know
I wanna know
I wanna know know know know
What is love
I wanna know I wanna know

1 사랑은 사탕처럼 달콤하다는데 사실일까?

Track 037

"A-다는데" is used when expressing one's opinion based on what one has heard, or when confirming that something one heard is true. Words used to confirm truth include 진짜야? and 사실일까?, but these are often omitted. Depending on the particle, this can be used in the form of "V-ㄴ/는다는데" or "N(이)라는데."

이 영화는 재미없다는데 보지 말자.
Let's not watch this movie. I heard it's not good.

한국어가 어렵다는데 배워 보니까 어때?
I heard Korean is difficult to learn. Having learned Korean, what do you think?

저 두 사람이 사귄다는데 진짜야?
Is it true that those two are dating?

한국 사람들은 매일 김치를 먹는다는데 사실이야?
Is it true that Koreans eat kimchi every day?

이 옷이 요즘 유행이라는데 나도 한번 입어 볼까?
These clothes are trendy these days. Should I try them on?

2 사랑이 어떤 건지 알고 싶어.

Track 038

"N(이)ㄴ지 알다/모르다/궁금하다" is to show one knows certain facts or statements, or when asking a question. Depending on the particles used, it can take the form of "A–(으)ㄴ지" or "V–는지." This expression is often used with 언제 (when), 어디 (where), 누구 (who), 무엇 (what), 어떻게 (how), 왜 (why), etc. The line "사랑이 어떤 느낌인지 I wanna know" in Korean would be "사랑이 어떤 느낌인지 알고 싶어."

사랑이 뭔지 궁금해.
I wonder what love is.

네가 뭘 좋아하는지 알고 싶어.
I want to know what you like.

우리가 지금 어디에 있는지 모르겠어.
I don't know where we are now.

네가 좋아하는 사람이 누구인지 알려 줘.
Tell me who you like.

한국어 능력 시험(TOPIK)을 언제까지 신청해야 하는지 알아요?
Do you know when the deadline is for applying for the Test of Proficiency In Korean (TOPIK)?

설레다

This word expresses the feeling of being excited and unable to settle down. The standard form is 설레다, but many Koreans use the incorrect form 설레이다.

· 처음 해외여행을 떠나는 거라서 너무 설레요.
  I'm so thrilled because this is my first trip abroad.

In addition, 설렘, the noun form of 설레다, is often used incorrectly as 설레임. This is also the case in the song.

· 오빠를 처음 만났을 때 작은 설렘을 느꼈어요.
  When I first met you, I felt little butterflies in my stomach.

두근두근

두근두근 is an adverb that describes the sound or shape of your heart beating because you're very surprised or anxious.

· 어두운 밤길을 혼자 걸어가는데 가슴이 두근두근 뛰었다.
  As I was walking alone a dark road at night, my heart was racing.

You can also use this when your heart is racing because you're looking forward to something good or exciting. It can be used with the verb 뛰다 or combined with –하다 or –거리다 to become 두근두근하다 or 두근거리다.

· 조금 있으면 비행기가 출발한다. 가슴이 두근거린다.
  The plane is taking off soon. My heart is fluttering.

가슴이 터질 것 같다

This refers to a heart racing due to extremely high excitement or an activity that you love doing.

· 그녀의 손을 처음 잡았을 때 가슴이 터질 것 같았다.
  When I first held her hand, I felt like my heart would burst.

It can also be used when one's heart beats faster due to exercising, etc.

· 30분 동안 쉬지 않고 달렸더니 가슴이 터질 것 같다.
  I felt like my heart would burst after running for 30 minutes without a break.

Track 040

헉헉!

왜 이렇게 헉헉거려?

지각할까 봐 주차장에서부터
뛰어왔더니 **가슴이 터질 것 같아.**

요즘 사람들이 **운동 부족이라는데**
네가 딱 그렇네. 운동 좀 해.

_ □ ✕

언니, 사랑이 뭐야?

사랑? 갑자기 왜?

사랑이 뭔지 알고 싶어.

누군가를 볼 때 **가슴이 설레고**
두근두근 뛰면 그게 사랑이지.

헉헉(거리다) panting (to pant) | 운동 부족 shortage of exercise | 딱 그렇다 to be exactly like that |
주차장 parking lot | 뛰어오다 to run from | 누군가 someone

'죽다'와 '미치다'
"Dying over" & "Crazy over"

더워서 죽겠네.
It's so hot that I'm dying.

너무 더워서 미칠 것 같아.
This hot weather drives me crazy.

In Korean, the words 죽다 and 미치다 are often used to exaggerate the degree of something that's excessive. In some countries, people are reluctant to extreme expressions like 죽다 and 미치다 in daily conversations. Koreans, however, don't care much, and in fact, like to use them to express situations dramatically.

#4

아이유
IU

IU, who debuted in 2008 at the age of 15, gained the title of "Korea's little sister" (equivalent to Korea's sweetheart) in 2010 when her songs such as "Nagging" and "Good Day" became popular. Since then, she's been active as a unique and unmatchable female solo singer in the Korean pop music scene. From 2013, she began to present her artistic side by directing album production and composing lyrics. There are many age-related songs among her discography, including "Twenty-three," the title song off her 4th mini-album, ≪Chatshire≫, released in 2015; "Palette," the title song from her 4th regular album, ≪Palette≫, released in 2017; and the digital single "Eight," released in 2020. These songs are about the ages 23, 25, and 28, respectively. Figuring out how IU's thoughts have changed with her age is one of the fun elements of listening to her music.

밤편지

이 밤 그날의 반딧불을

당신의 창 가까이 보낼게요

사랑한다는 말이에요

◁ ABOUT THE SONG ▷

IU named this song as her favorite from her 4th album, «Palette», released in 2017.
Her whispering voice blends together with gentle guitar sounds to create an emotional charm.
This is one of the best songs to listen to in the fall, and is loved by many people.

밤편지

이 밤 그날의 반딧불을
당신의 창 가까이 보낼게요
음 사랑한다는 말이에요

나 우리의 첫 입맞춤을 떠올려
그럼 언제든 눈을 감고
음 가장 먼 곳으로 가요

난 파도가 머물던
모래 위에 적힌 글씨처럼
그대가 멀리 사라져 버릴 것 같아
늘 그리워 그리워

여기 내 마음속에
모든 말을 다 꺼내어 줄 순 없지만
사랑한다는 말이에요

어떻게 나에게
그대란 행운이 온 걸까
지금 우리 함께 있다면 아
얼마나 좋을까요

난 파도가 머물던
모래 위에 적힌 글씨처럼
그대가 멀리 사라져 버릴 것 같아
또 그리워 더 그리워
나의 일기장 안에
모든 말을 다 꺼내어 줄 순 없지만
사랑한다는 말

이 밤 그날의 반딧불을 당신의
창 가까이 띄울게요
음 좋은 꿈이길 바라요

1 어떻게 나에게 그대란 행운이 온 걸까?

Track 041

"어떻게 ~?" is used to express wonder or regret, or to criticize an event that rarely occurred. 어떻게 can come at the beginning of the sentence or after the subject. It takes the interrogative form, but doesn't mean that the speaker expects an answer. Therefore, "어떻게 나에게 그대란 행운이 온 걸까?" doesn't mean "네가 나에게 어떤 방법으로 왔는지 궁금해" ("I wonder how you came to me"), but rather "네가 나에게 오다니 이것은 행운이야" ("it's so lucky that you came to me").

어떻게 나한테 이런 좋은 일이 생긴 걸까?
How has something so good happened to me?

어떻게 쟤는 머리도 좋고 성격도 좋은 걸까?
How can he be so intelligent and nice?

어떻게 저 가수는 저렇게 노래를 잘 부르는 걸까?
How can that singer sing so well?

어떻게 너는 매일 그렇게 똑같은 실수를 하니?
How can you make the same mistakes everytime?

어떻게 네가 나한테 그럴 수가 있니?
How could you do that to me?

2 지금 우리가 함께 있다면 얼마나 좋을까요?

Track 042

When talking about hopes that cannot be achieved immediately,
expressions such as -다면 얼마나 좋을까요? can be used. Depending on the
particle, "N(이)라면," "A-다면," or "V-ㄴ/는다면" can be used. "지금 우리가 함께
있다면 얼마나 좋을까요?" means "I wish I could be with you," which additionally
conveys the idea of "we can't be together right now."

- -

내일부터 휴가라면 얼마나 좋을까요?
Wouldn't it be great if my vacation started tomorrow?

그 사람이 내 마음과 같다면 얼마나 좋을까요?
Wouldn't it be great if that person were like me?

바라는 대로 이루어진다면 얼마나 좋을까요?
Wouldn't it be great if it came true the way I wished it would?

나와 딱 맞는 사람을 찾는다면 얼마나 좋을까요?
Wouldn't it be great if I could find the right person for me?

좋아하는 일만 하면서 살 수 있다면 얼마나 좋을까요?
Wouldn't it be great if I could live just doing what I love?

노래에 나오는 표현들 Expressions from the song — Track 043

머물다

머물다 is a shortened form of 머무르다, used when one stays somewhere that isn't home for a short period of time. It can also be used when one doesn't move or stays in one place. It's similar in meaning to 지내다 or 있다.

· 집에 문제가 있어서 일주일 전부터 친구 집에 머물고 있어요.
I've been staying at a friend's house for a week because I have a problem at home.

· 이 호텔은 한국의 유명한 작가가 머물던 호텔입니다.
This is the hotel where a famous Korean writer stayed.

· 드레스에 눈길이 머물러 한참을 떠나지 못했다.
Her eyes rested on the dress and couldn't leave it a long time.

적히다

적히다 is the passive verb form of 적다, which means 쓰다 (to write). Usually, it's used in the form of 적혀 있다, which indicates letters or numbers having been written. If used to modify a noun, it becomes 적혀 있는 or 적힌.

· 메모지에 적힌 전화번호를 읽어 주세요.
Please read the phone number written on the memo.

· 가격표에 30,000원이라고 적혀 있어요.
The price tag says 30,000 won.

· 설명서에 적혀 있는 대로 하시면 됩니다.
Just follow the instructions written in the manual.

Track 044

호텔에서 3일째 **머물고** 있는데
돈이 너무 많이 들어서 큰일이야.

그래? 그럼 우리 집에 와서 지낼래?

그래도 돼? 그럼 나야 정말 고맙지.

주소 적어 줄게. 여기에 **적힌** 주소로 와.

_ ☐ ✕

복권에 당첨된다면 얼마나 좋을까?

으액! 이것 봐! 나 진짜 복권에 당첨되었어!

진짜야? 말도 안 돼.

왜! 어떻게 나한테 이런 일이 생긴 걸까?
꿈만 같아.

3일째 the third day | 돈이 들다 to take money | 큰일이다 to be in big trouble | 적다 to write | 복권 lottery |
당첨되다 to win (a prize) | 말도 안 되다 to be unbelievable

아이유(IU) · 밤편지

행운의 상징
Lucky Symbols

Symbolic objects representing luck vary from country to country and culture to culture. What animals, flowers, and objects symbolize good luck in Korea?

까치 Magpies

In Korean, there's a saying that "까치가 울면 손님이 온다. (when a magpie cries, a welcome guest will come.)" Because magpies are smart birds, it's said that they live in one place for a long time and know the faces of all the people who live in the same town. When someone unknown to the magpies appears in the neighborhood, they cry as a sign of caution. Therefore, after a magpie cries, a guest often comes, which is how people came to believe this saying.

해바라기 Sunflowers

Sunflowers are known to bring good luck in both the East and the West. In Korea, people often hang sunflower paintings in their living room because they think that this will bring money.

복조리 Bokjori

A bokjori is a tool for filtering small stones out of rice. At dawn on the first day of the lunar calendar, bokjori merchants would go from alley to alley selling bokjori. It has been passed down as a New Year's tradition for a long time, with the thought that buying one and hanging it on the wall will lead to a long life and a lot of money. However, this tradition has now disappeared and many people buy bokjori simply for decoration.

Blueming

우리의 네모 칸은 bloom

엄지손가락으로 장미꽃을 피워

향기에 취할 것 같아

오직 둘만의 정원

ABOUT THE SONG

The title of this song, "Blueming," is a combination of "blue" and "blooming." Blue is the color of an outgoing message on an iPhone, while an incoming message is gray. In the music video, there's scene where blue and gray roses are exchanged, used to metaphorically show that two people are sending messages of love to each other through their cell phones. It's a love song that shows the psychology of someone who sends a message to a person they like.

Blueming

'뭐해?'라는 두 글자에
'네가 보고 싶어' 나의 속마음을 담아 우
이모티콘 하나하나 속에
달라지는 내 미묘한 심리를 알까 우

아니 바쁘지 않아 nothing no no
잠들어 있지 않아 insomnia nia nia
지금 다른 사람과 함께이지 않아
응, 나도 너를 생각 중

★우리의 네모 칸은 bloom
엄지손가락으로 장미꽃을 피워
향기에 취할 것 같아 우
오직 둘만의 비밀의 정원

I feel bloom I feel bloom I feel bloom
너에게 한 송이를 더 보내

밤샘 작업으로 업데이트
흥미로운 이 작품의 지은이
that's me 우
어쩜 이 관계의 클라이맥스
2막으로 넘어가기엔 지금이
good timing 우

같은 맘인 걸 알아 realize la lize
말을 고르지 말아 just reply la la ly
조금 장난스러운 나의 은유에
네 해석이 궁금해

우리의 색은 gray and blue
엄지손가락으로 말풍선을 띄워
금세 터질 것 같아 우
호흡이 가빠져 어지러워

I feel blue. I feel blue. I feel blue.
너에게 가득히 채워

띄어쓰기없이보낼게사랑인것같애
백만송이장미꽃을, 나랑피워볼래?
꽃잎의 색은
우리 마음 가는 대로 칠해
시들 때도 예쁘게

*Repeat

1 엄지손가락으로 장미꽃을 피워요.

Track 045

"N(으)로" means to use a certain object or means. What follows is the action you want to take using the preceding object or means. "엄지손가락으로 장미꽃을 피워" is a metaphorical expression meaning that one sends a message of love by typing out each letter on the phone with their thumb.

카드로 결제할게요.
I'll pay by card.

휴대폰으로 음악을 들어요.
I listen to music on my cell phone.

이 책으로 한국어를 공부해요.
I study Korean with this book.

전자레인지로 빵을 만들었어요.
I made bread using the microwave.

발로 그림을 그릴 수 있어요.
I can draw with my feet.

이 책으로 한국어를 공부해요.

116

2 너에게 한 송이를 더 보내.

Track 046

"N(person)에게 N(thing)을/를 보내다" expresses that an object is delivered to the receiver by some means rather than being offered to them directly. N에게 is used when sending goods to a person, and N에 when sending goods to a place. N에게 is used in writing, while N한테 is a colloquial expression that is used more often in daily conversation. For an older person or a person of high status, N께 is used, unless the person is close to the speaker, in which case N에게 or N한테 can still be used.

친구에게 메시지를 보냈어요.
I sent a message to a friend.

언니한테 편지를 보냈어요.
I sent a letter to my sister.

선생님께 이메일을 보냈어요.
I emailed the teacher.

회사에 팩스를 보내고 있어요.
I'm sending a fax to the company.

고향 집에 택배를 보낼 거예요.
I'm going to send a package to my house in my hometown.

노래에 나오는 표현들 Expressions from the song

Track 047

피우다

피우다 is the causative form of the verb 피다. 피우다 means "to bloom," and is usually used as an intransitive verb, such as in 꽃이 피다.

- 봄이 되었나 봐요. 벚나무가 꽃을 피웠어요.
  Spring must have arrived. The cherry tree has bloomed.

이야기꽃 and 웃음꽃, which aren't actual flowers, can be used with 피우다. 이야기꽃을 피우다 means to share a lot of stories in a pleasant atmosphere. 웃음꽃을 피우다 conveys a similar meaning of having a good time with a smiling face.

- 오랜만에 친구들을 만나 이야기꽃을 피웠어요.
  I met my friends after a long time and had a bright conversation.

- 가족들이 아기를 보면서 웃음꽃을 피웠어요.
  A flower of laughter blossomed while the families looked at the baby.

취하다

취하다 is a verb that means to be drunk on alcohol, sleep, medicine, a certain scent, etc. It's usually used in the form of N에 취하다. When 취하다 is used alone without a noun, it means "to get drunk."

- 잠에 취해서 무슨 말을 했는지 모르겠어.
  I don't know what I said because I was drunk with sleep.

- 나 취한 것 같아. 이제 그만 마실래.
  I think I'm drunk. I should stop drinking.

It can also have the meaning of 매료되다 (to be fascinated), which can be used with the words 분위기 (atmosphere), 음악 (music), 매력 (attraction), etc.

- 술은 한 잔도 안 마셨는데 분위기에 취해서 새벽 1시까지 놀았어요.
  We didn't drink even a single glass of alcohol, but we were caught up in the vibe, having fun until 1 AM.

이게 무슨 향기예요? 향기가 너무 좋아요.

코스모스 꽃이 많이 **피었네요**.

 바람이 부니까 꽃향기가 가득 느껴져요.

네, 꽃향기에 **취할 것 같아요**.

 가방을 만들었어요?

네, **동생에게 보내려고 안 입는 청바지로** 가방을 만들었어요. 어떤가요?

 우와, 이걸 직접 만들다니 대단해요. 팔아도 될 것 같아요.

고마워요. 동생이 받고 좋아하면 좋겠어요.

향기 scent | 코스모스 cosmos (flowers) | 가득 full | 느껴지다 to be felt | 청바지 jeans | 직접 oneself

손가락의 이름과 의미
Finger Names and Their Meanings

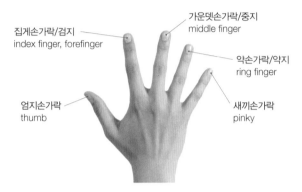

집게손가락/검지
index finger, forefinger

가운뎃손가락/중지
middle finger

약손가락/약지
ring finger

엄지손가락
thumb

새끼손가락
pinky

Each finger has a different name, and their meanings and the gestures made with them are different too. What are some common finger gestures in Korea?

"Thumbs up" means that something is the best. People usually raise their thumbs to compliment or support another person. Many Koreans call the thumbs up gesture 엄지 척.

In Korea, many people make a V sign with their fingers when taking a picture. Students often hold up a V sign next to their eyes.

A small V sign formed by pinching your forefinger and thumb together and tilting them sideways is called 손가락 하트. It originated as a greeting to fans from Korean idols. Now, it has gradually become widely used and is popular among young people not only in Korea but in many other countries.

정거장

다음 정거장에서 만나게 될까

그리워했던 얼굴을

다음 파란불에는 만나게 될까

그리곤 했던 풍경을

> **ABOUT THE SONG**

On December 29, 2021, before turning 30, IU released her special mini-album «Pieces». The album consists of songs that were written in her 20s. Although the songs hadn't been officially released before the album came out, they had been sung to fans at concerts once in a while. "Station" is one of these songs - IU started writing it at the age of 25 and completed at the age of 26. She composed the melody and the lyrics at the same time. After writing the first verse, she forgot about it, but later finished the second verse while thinking of the character Jian, a role she played in the TV drama "My Mister."

정거장

다음 정거장에서 만나게 될까
그리워했던 얼굴을
다음 파란불에는 만나게 될까
그리곤 했던 풍경을

해는 정해진 시간에 떨어지고
거리는 비어 가는데
단 한 사람 어제와 같은 그 자리
떠날 줄을 모르네

투둑투둑 무심하게 빗줄기 세로로 내리고
빗금을 따라 무거운 한숨 떨어지는데

다음 정거장에서 만나게 될까
그리워했던 사람을
다음 파란불에는 만나게 될까
그리곤 했던 얼굴을

한 뼘 한 뼘 머리 위로 꽃노을 발갛게 번지고
황혼을 따라 춤추는 그늘 길어지는데

다음 정거장에서 만나게 될까
그리워했던 바람을
다음 파란불에는 만나게 될까
그리곤 했던 기억을

아님 이다음 세상에나 닿을까
떠난 적 없는 그곳을

1 널 만나게 될까?

Track 049

"V-게 될까?" is a combination of "V-게 되다." which indicates a change in situation, and "V-(으)ㄹ까?" showing doubt or indicating uncertainty about the future. It's useful when talking to yourself and expressing your worries about uncertain situations. The phrase "널 만나게 될까?" in the song indicates anxiety about whether or not the singer will be able to meet the man she is singing about again.

한국에 가면 널 보게 될까?
If I go to Korea, will I see you?

저 두 사람이 다시 만나게 될까?
Will those two get back together?

나는 앞으로 어떤 일을 하게 될까?
What will I do in the future?

나도 언젠가 한국어를 잘하게 될까?
Will I be able to speak Korean well someday?

회사에 다니다 보면 언젠가 적응하게 될까요?
Will I be used to this company someday if I spend more time working here?

2

떠날 줄 모르네.

Track 050

"A/V-(으)ㄹ 줄 모르다" means that one doesn't know how to do something. "운전할 줄 몰라요," for instance, means that the speaker doesn't know how to drive. In the case of "떠날 줄 모르다," however, "-(으)ㄹ 줄 모르다" means "-지 않는다" (to not do something). It therefore takes the meaning of "떠나지 않는다" (to not leave). When combined with the ending "-네," used mainly when talking to oneself, it coveys an exclamation about what one has realized.

컴퓨터 앞에서 떠날 줄 모르네.
It seems he doesn't know how to leave the computer.

이놈의 인기는 식을 줄 몰라요.
This popularity shows no sign of slowing down.

둘이 딱 붙어서 떨어질 줄 몰라요.
Those two stick together and seem never to know how to be apart from each other.

아이들은 지칠 줄 모르고 계속 놀아요.
Children seem never to be tired and just keep playing.

비가 그칠 줄 모르고 계속 오네요.
It's raining like it seems it'll never stop.

그리워하다

This verb refers to a desire to see someone from one's past or to get an experience from the past back again.

· 오빠가 돌아가신 어머니를 그리워해요.
  My brother misses our mother, who passed away.

If someone wants to see someone again or thinks of the past, the adjective 그립다 is used.

· 아, 친구들과 함께 놀던 그 시절이 그립다.
  Ah, I miss those days when I used to hang out with my friends.

The first person, "I," can also be the subject of 그리워하다 when talking about an experience from the past that has been missed or longed for for a long time.

· 내가 너를 얼마나 그리워했는데 이제야 온 거야?
  I missed you so much, why are you only just coming to me now?

그리다

This means to draw a shape with a tool such as a pencil or brush. It is usually used in the phrase 그림을 그리다.

· 내 동생은 어렸을 때부터 그림을 잘 그려서 화가가 꿈이었어요.
  My younger brother has been good at drawing since he was little, so his dream was to become a painter.

It is also used when one thinks of the past or imagines the future, meaning one draws a picture in one's mind.

· 그와 함께 했던 시간들을 그리면서 눈물을 흘렸습니다.
  I shed tears thinking of the times I spent with him.

· 다시 만날 그날을 그리며 열심히 살고 있어요.
  I am living my life to the fullest for the day we meet again.

126

Track 052

 저 두 사람은 딱 붙어서 **떨어질 줄 모르네.**

오랫동안 **그리워하다가** 만난 거라서 그렇대.

 넌 그걸 어떻게 알아?

내가 모르는 게 어디 있어? 다 아는 방법이 있지.

_ □ ✕

 우리는 언제쯤 한국에 **가게 될까?**

내년에는 갈 수 있지 않을까?

 한국에 갈 날을 **그리며** 열심히 한국어 공부를 해야겠다.

그래. 나도 열심히 공부해야지.

딱 붙다 to stick together | 방법 way, method | 날 day

127

한국의 버스 정류장
Bus Stops in Korea

In Korea, in order for many people to take public transportation, the public transportation system is not only well developed but also includes various services in consideration of passengers. For example, if you look at an electronic signboard at a bus stop, it shows whether the buses coming are crowded or not and how many minutes are left until each one arrives, which helps eliminate a rush to get on the bus.

It can be tough to wait for the bus in winter because of Korea's strong winter winds. There are benches for people to sit on while waiting, but people usually choose to stand because the benches can be too icy. Recently, to solve this problem, some bus stop benches have been built with heated wires inside. These use the principle of the 온돌 (ondol) system that warms the floor of a Korean house. You can enjoy the warm bench even if just for a short time while waiting for the bus.

#5

에스파

aespa

• Next Level • 자각몽

On December 17, 2020, SM Entertainment introduced the girl group aespa as the first project of SMCU (SM Culture Universe), incorporating a future-oriented vision. aespa is a multinational girl group consisting of four members: Karina and Winter from Korea, Giselle from Japan, and Ningning from China. Each member has an emblem that symbolizes them - a heart for Karina, a moon for Giselle, a star for Winter, and a butterfly for Ningning. The group name aespa combines "ae" (or "æ"), which takes the "a" from "avatar" and the "e" from experience, and the English word "aspect," meaning "two sides." Their musical activities are based on their unique worldview. One facet of the group is that each member's avatar, or "ae," grows through communicating and interacting with the real members themselves.

Next Level

상상도 못한 Black out

유혹은 깊고 진해

Next Level

맞잡은 손을 놓쳐

난 절대 포기 못 해

ABOUT THE SONG

"Next Level" is from aespa's 3rd single album, released on May 17, 2021. This is a hip-hop dance song about a journey into the wilderness to find "Black Mamba," the devil from their first song who brought the world into chaos in the worldview of aespa. Both their debut song "Black Mamba" and the follow-up "Next Level" topped various music charts and played a major role in aespa being recognized as a representative next-generation girl group. The song is a remake of the song of the same name from the soundtrack to the movie "Fast and Furious: Hobbs & Shaw." Some of the Korean lyrics are similar to those of the English song in pronunciation, so the mood and impression of the original remain.

Next Level

I'm on the Next Level Yeah
절대적 룰을 지켜
내 손을 놓지 말아
결속은 나의 무기
광야로 걸어가
알아 네 Home ground
위협에 맞서서
제껴라 제껴라 제껴라

상상도 못한 Black out
유혹은 깊고 진해
(Too hot too hot)
맞잡은 손을 놓쳐
난 절대 포기 못 해

★I'm on the Next Level
저 너머의 문을 열어
Next Level
널 결국엔 내가 부셔
Next Level
KOSMO에 닿을 때까지
Next Level
제껴라 제껴라 제껴라

(×3) La la la la la la
La la la la la

I see the NU EVO.
적대적인 고난과 슬픔은
널 더 Popping 진화시켜
That's my naevis It's my naevis
You lead, we follow

감정들을 배운 다음

Watch me while I make it out
(×2) Watch me while I work it out
Work it work it work it out

감당할 수 없는 절망도
내 믿음을 깨지 못해
더 아픈 시련을 맞아도
난 잡은 손을 놓지 않을게 Oh

절대로 뒤를 돌아보지 말아
광야의 것 탐내지 말아
약속이 깨지면
모두 걷잡을 수 없게 돼
언제부턴가 불안해져 가는 신호
널 파괴하고 말 거야
(We want it)
Come on!
Show me the way to KOSMO Yeah

Black Mamba가 만들어 낸 환각 퀘스트
aespa, ae를 분리시켜 놓길 원해 그래
중심을 잃고 목소리도 잃고 비난받고
사람들과 멀어지는 착각 속에
naevis 우리 ae, ae들을 불러 봐
aespa의 Next Level "P.O.S"를 열어 봐
이건 REAL WORLD 깨어났어
We against the villain
What's the name?
Black Mamba

결국 난 문을 열어
그 빛은 네겐 Fire
(Too hot too hot)
난 궁금해 미치겠어
이다음에 펼칠 Story
Huh!

*Repeat

I'm on the Next Level
더 강해져 자유롭게
Next Level
난 광야의 내가 아냐
Next Level
야수 같은 나를 느껴

Next Level
제껴라 제껴라 제껴라
Huh!

1 뒤를 돌아보지 마.

Track 053

"V-지 말다" is used when one wants to keep someone from doing something. It appears often in K-Pop songs, and as it's often found in everyday conversation, it's a pretty useful expression. "V-지 말다" is used in imperative sentences and requests. When used informally, it becomes "V-지 마," "V-지 말아," and "V-지 말아라." The honorific versions are "V-지 말아요," "V-지 마세요," and "V-지 마십시오."

너무 무리하지 마.
Don't push yourself too much. (Don't run yourself ragged.)

언니랑 싸우지 말아라.
Don't fight with your sister.

괜찮으니까 걱정하지 마세요.
I'm fine, so don't worry.

이미 지나간 일을 생각하면서 후회하지 마.
Don't cry over spilt milk.

이곳은 출입 금지 구역입니다. 들어오지 마십시오.
This is a restricted area. Please keep out.

2 난 절대 포기 못 해.

Track 054

"절대 N 못 하다" is used to indicate that the mentioned task is impossible under any circumstances, or to express the speaker's will not to do it. It's only used with nouns that are made into verbs when combined with 하다. Other verbs are used with the form "절대 못 + V." ★

난 널 절대 용서 못 해.
I'm never going to forgive you.

저는 절대 기억 못 하겠는데요.
There's no way that I'll remember this.

이 결혼은 절대 허락 못 해.
I'll never allow this marriage to happen.

그 팀은 절대 우승 못 할 거야.
The team is never going to win.

★ 이 일은 내일까지 절대 못 끝낼 거야.
I'll never be able to finish this job by tomorrow.

에스파(aespa) · Next Level

비슷한 발음의 단어들 Words with similar pronunciations

Track 055

제치다

제치다 denotes getting obstacles out of the way or overcoming an opponent.

· 한국 선수가 전년도 우승자를 제치고 수영 100m에서 1위를 차지했다.
A Korean athlete overtook the previous year's winner and took first place in the 100 m race in swimming.

제끼다 is often used as a non-standard word for 제치다. In addition to the meaning of overcoming a counterpart, it can also mean skipping a step or work to be done.

· 우리 팀 스트라이커가 골키퍼까지 제끼고 한 골을 넣었다.
Our team's striker ran past the goalkeeper and scored a goal.

· 오늘 수업 제끼고 놀러 갈까?
Why don't we just ditch the classes and hang out?

지키다

지키다 means to prevent land, property, interests, or rights from being lost or violated by protecting or watching them.

· 군인들은 우리나라를 지키기 위해 밤낮으로 애쓴다.
Soldiers work day and night to protect our country.

In addition, 지키다 can mean to keep promises or observe manners, rules, and laws.

· 다음에는 꼭 약속 지켜야 돼.
You have to keep your word next time.

· 어른 앞에서 예의를 지켜서 행동해야 한다.
You should behave yourself in front of your elders.

Track 056

첫 해외여행이라서 긴장돼.
안전하게 다녀올 수 있을까?

그럼, 관광객들이 많이
찾는 나라니까 안전할 거야.

그래도 그 나라는 치안이 좀
안 좋다고 하더라고.

걱정하지 마. 무슨 일이 있으면
내가 널 **지켜 줄게.**

에스파(aespa) · Next Level

_ ☐ ✕

이번 경기만 이기면 결승전이야.

다음 상대는 지난 우승팀이잖아.
그 팀이 얼마나 강한데.
우리는 **절대 우승 못 할 거야.**

자신감을 가져. 지난번에
우승한 팀이라고 해도 우리 팀
실력이면 **제칠 수 있어.**

해외여행 a trip abroad | 긴장되다 to be nervous | 안전하게 safely | 관광객 a tourist | 치안이 안 좋다 to not be secure |
경기 game, match | 결승전 finals, final match | 우승팀 champion team | 강하다 to be tough

나랑 내기할래?
Wanna Bet?

이번 시험, 내가 너보다 잘 본 것 같은데?
I think I did better than you on this exam.

실수해서 그래. 나랑 내기할래? 다음에는 가볍게 제쳐 줄게.
That's because I made a mistake. Wanna bet? I'm going to easily outdo you on the next exam.

One expression that Koreans often use is 내기할래? ("Wanna bet?"). 내기 (betting) is the act of gambling in which people make a certain agreement and the winner gets a prize or money. Koreans often make bets on trivial things to determine who is the winner. If you look closely at popular Korean TV programs, you'll also see certain formats in which a winner is selected through a game or contest. This is a good example of the high competitive spirit of Koreans. Although it's often said that this competitive spirit and desire to win were the driving forces behind Korea's rapid development, it's also considered a big problem in Korean society as many people get stressed from the competitive atmosphere.

자각몽

넌 자꾸 짙은 어둠 속에 더 깊이

널 닮은 흐린 안갯속 더 깊이

사라진대도 놓지 않을게 널

No no no I can't stop love

ABOUT THE SONG

A lucid dream is one in which the dreamer is aware that they are dreaming. Somewhat similar to hypnosis, lucid dreams are also called "hypnotic dreams" by hypnotists. This phenomenon has come to be fascinating material for many K-Pop artists, and many other groups in addition to aespa also have a song called "Lucid Dream."

자각몽

무언갈 그리워한 느낌
의식과 꿈의 경곗 헤맨 것 같아
자욱한 안갯속에
너무도 달콤하게
방향도 모르는 채
끝없이 거니는 꿈

Falling

Calling

Chasing

꿈인 걸 알면서도

★깨어날 수 없는 이 꿈처럼 나
어둠 속에 길 잃은 밤처럼
홀린 듯이 헤맸어 끝없이 널
No no no I can't stop love
넌 자꾸 짙은 어둠 속에 더 깊이
널 닮은 흐린 안갯속 더 깊이
사라진대도 놓지 않을게 널
No no no I can't stop love

No no no I can't stop love
넌 자꾸 짙은 어둠 속에 더 깊이
널 닮은 흐린 안갯속 더 깊이
사라진대도 놓지 않을게 널
No no no I can't stop love

잡힐 듯 스친 손 틈 사이에
살며시 간지럽혀 나를 놀리곤
달래듯 품에 안아
감싸는 공기 같아
자꾸 더 원하게 돼
너라는 포근한 꿈

Falling
Calling
Chasing
잡을 수 없다 해도

★Repeat

Why am I so attached to you
Everytime you leave me,
I don't know what to do
I just can't stop loving you
I don't know what else to say
You drive me crazy

사라질 듯 머무른 꿈처럼 나
흩어질 듯 밀려든 밤처럼
벗어나려 할수록 선명한 널
No no no I can't stop love
더 깊이 속삭여 나를 이끈 곳에
난 너를 따라 영원히 이곳에
암흑 속을 향해도 끝까지 널
No no no I can't stop love

No no no I can't stop love
더 깊이 속삭여 나를 이끈 곳에
난 너를 따라 영원히 이곳에
암흑 속을 향해도 끝까지 널
No no no I can't stop love

1 헤어진대도 널 잊지 못할 거야.

Track 057

"V-ㄴ/는대도" is a shortened form of "V-는다고 해도" and indicates that despite an aforementioned assumption, there is no change in the situation or result, or that something is unrelated to the assumed situation. This expression can be used with an adjective as "A-대도" or with a noun as "N(이)래도." It's often used with words such as 설령, 비록, and 아무리.

아무리 바쁘대도 밥은 챙겨 먹어야지.
No matter how busy you are, you should eat.

원하는 결과를 얻지 못한대도 후회하지 않을 거야.
Even if you don't get the results you want, you won't regret it.

노래를 잘한대도 모두가 가수가 되는 것은 아니야.
Singing well doesn't necessarily make one a singer.

설령 네가 나를 떠난대도 나는 너를 원망하지 않을게.
Even if you leave me, I won't blame you.

아무리 똑똑한 사람이래도 노력하지 않으면 성공하기 어려워요.
Even for a smart person, it's difficult to succeed without putting in effort.

2 너의 손을 놓지 않을게.

"V–지 않을게" means to promise or declare that the speaker will not do something in the future. This is an expression used in situations involving the listener or in situations where the listener's permission must be sought.
★When the thing in question isn't related to the listener or doesn't require their permission, "V–지 않을 거야" can be used instead.

네가 가지 말라고 하면 가지 않을게.
If you tell me not to go, I won't go.

대답하기 곤란하면 더 이상 묻지 않을게.
If it's difficult to answer, I won't ask any more.

이번 부탁만 들어주면 다시는 부탁하지 않을게.
If you do me a favor this time, I'll never ask for another one again.

저희 식당에 오세요. 맛이 없으면 돈을 받지 않을게요.
Come to our restaurant. If it doesn't taste good, you don't need to pay for it.

★ 내일부터는 늦잠 자지 않을 거야.
Starting tomorrow, I'm not going to sleep late anymore.

에스파(aespa) · 지각몽

몽환적인 분위기를 표현하는 단어들 Words expressing a dreamy mood   Track 059

흐리다

It is used to describe the weather where there is almost no sunlight because of a lot of clouds or fog.

· 비가 오려나 봐. 날씨가 너무 흐리네.
  It looks like it's going to rain. It is so cloudy.

Similar to the feeling of cloudy weather, it also refers to a state in which the object is seen as unclear or vague, and the air is not clean.

· 눈에 맞지 않는 안경을 쓰니 앞이 흐려서 잘 보이지 않아요.
  I wear glasses that are not of the right strength for my eyes, so I can't see well because my vision is blurry.

It also can describe the condition in which people's memories and judgments become less clear as time passes and they get older.

· 이제 그녀의 모습은 흐린 기억 속에 남아 있을 뿐이다.
  Now her image is only vague in my blurry memory.

헤매다

헤매다 means to wander around unable to find the way one should go. It's often used to describe the situation after getting lost, so expressions like 길을 잃고 헤매다 are commonly used.

· 아까 오후에 초등학교 앞에서 한 아이가 길을 잃고 헤매고 있더라고요.
  In the afternoon, a child got lost and was wandering in front of the elementary school.

Knowing the way one should go also denotes that one knows where one's destination is. 길을 헤매다 thus expresses a state of being in which one has lost one's goal or destination.

· 부상으로 축구를 그만두고 뭘 해야 할지 몰라서 한동안 길을 잃고 헤맸다.
  I quit soccer due to an injury and was lost for a while, not knowing what to do.

헤매이다 is sometimes used, but the correct form is 헤매다. Therefore, 헤맸어요 is correct and 헤매였어요 is incorrect.

Track 060

 왜 이렇게 오는 데 오래 걸렸어?

중간에 골목에서 길을 잃어서 **헤맸단 말이야**. 깜깜한데 얼마나 무서웠는지 알아?

 그러니까 이제 내 손 놓으면 안 돼.

알았어. 손 **놓지 않을게**.

_ □ ✕

 오늘 정말 행복한 하루였어.

나도. 너랑 이렇게 바다를 보고 있으니 정말 좋다.

 나이가 들면 지금 이 순간의 기억도 **흐려지겠지**?

아니, 나는 아무리 나이가 **든대도** 지금 이 순간을 잊지 않을 거야.

중간 on the way | 골목 alley | 길을 잃다 to get lost | 헤매다 to wander about | 깜깜하다 to be dark |
행복하다 to be happy | 바다 sea | 나이가 들다 to get older | 순간 moment | 기억 memory

에스파(aespa) · 지각몽

꿈의 의미
The Meaning of a Dream

Koreans believe that good dreams will bring good things in the future. A good dream that creates good things in the future is called 길몽. One typical 길몽 is a dream about a pig. If you dream of a pig, it's said that you'll make a lot of money. This is why many people buy lottery tickets when they dream of pigs. On the other hand, bad dreams are called 흉몽. When people have bad dreams, they worry that bad things will happen in the future. Common bad dreams include losing teeth and losing shoes.

악몽 is another word for a bad dream, but refers to a nightmare - a scary dream in which you suffer. When you think of nightmares, you usually think of someone chasing you from behind, being attacked, or experiencing something terrible and waking up screaming. In the song, "에잇(Eight)" by IU, the singer has a dream where she meets her ex-boyfriend and spends happy times with him again. However, this dream is described as a nightmare because she was happy in the dream, but after waking up, suffers from the happy dream instead.

In addition to the above, another type of dream that Koreans consider very important is 태몽, a dream that tells you that you will have a child. A dream of the conception of a coming baby is not only dreamed by the child's mother but also sometimes by family members or people around them. Dreams of animals such as tigers and snakes running at you or dreams of eating pretty fruits are typical 태몽.

#6

있지

ITZY

• 달라달라 • Wannabe • Not Shy

ITZY, who debuted on February 12, 2019, is an ambitious, five-member girl group created by JYP Entertainment after TWICE. The members are Yeji, Lia, Ryujin, Chaeryeong, and Yuna. While many recent idol groups include members from overseas, this group is unique in that all of the girls were born and raised in Korea. ITZY is the English pronunciation of the Korean word "있지" (meaning "of course we have it"), which comes from the notion, "Have we got everything you want? Of course we have it all!" Therefore, when written in Korean, it should be "있지", not "잇지."

달라달라

예쁘기만 하고 매력은 없는

애들과 난 달라 달라 달라

네 기준에 날 맞추려 하지 마

난 지금 내가 좋아 나는 나야

ABOUT THE SONG

This was released in February 2019 as ITZY's debut song. You can feel the high self-esteem in the lyrics. ITZY sings that they value individuality, that they love what they love even more than romantic love, and that they don't care what other people think.

달라달라

DDA DDA LA DDA LA DDA LA
People look at me
and they tell me
외모만 보고 내가 날라리 같대요
So what 신경 안 써 I'm sorry
I don't care don't care
really don't care because

사랑 따위에 목매지 않아
세상엔 재밌는 게 더 많아
언니들이 말해 철들려면 멀었대
I'm sorry sorry
철들 생각 없어요

★예쁘기만 하고 매력은 없는
애들과 난 달라 달라 달라
DDA DDA LA DDA LA
네 기준에 날 맞추려 하지 마
난 지금 내가 좋아 나는 나야

★★DDA DDA LA DDA LA DDA LA
I love myself
난 뭔가 달라 달라 YEAH
I love myself
난 뭔가 달라 달라 YEAH
난 너랑 달라 달라 YEAH

Bad bad I'm sorry I'm bad
I'm just the way I am
남 신경 쓰고 살긴 아까워
하고 싶은 일 하기도 바빠
My life 내 맘대로
살 거야 말리지 마
난 특별하니까 YEAH
남들의 시선 중요치 않아
내 style이 좋아 그게 나니까
언니들이 말해 내가 너무 당돌하대
I'm sorry sorry
바꿀 생각 없어요

★Repeat

DDA DDA LA DDA LA DDA LA
Don't care what people say
나는 내가 알아
I'm talkin' to myself
기죽지 마 절대로
고개를 들고 네 꿈을 쫓아
Just keep on dreamin'
Keep your chin up
We got your back
Keep your head up
Just keep on dreamin'
Keep your chin up
We got your back
Keep your head up
Just keep on dreamin'

★Repeat

★★Repeat

1

예쁘기만 하고 매력은 없는 애들과 난 달라.

Track 061

"N₁은/는 N₂들과 다르다" means that N_1 is different from other objects and is therefore special. "예쁘기만 하고 매력은 없는 애들과 난 달라" means "I have charm, unlike people who are just pretty but have no charm," which indicates that the singer is special.

나는 남들과 달라.
I have something special that makes me different from others.

우리 아이는 다른 아이들과 달라.
My kid is different from other children.

성공하는 사람은 보통 사람들과 달라.
Successful people are different from ordinary people.

이 사람은 내가 지금까지 만난 사람들과 달라.
This person has something that makes him stand out, which makes him different from anyone I've ever met.

저희 제품은 다른 회사 제품들과 다릅니다.
Our products are different from other companies' products (because they're outstanding).

2

네 기준에 날 맞추려 하지 마.

Track 062

"V-(으)려고 하지 말다" means to not think about doing something or to not to intend to do something, but is often used to tell people not to work too hard on something that is difficult to achieve, or even just to not try something. "네 기준에 날 맞추려 하지 마" means "Don't try to change me to fit the way you think about me." It also means that the singer should be accepted and recognized the way they are.

나를 속이려고 하지 마.
Don't try to deceive me.

너무 잘하려고 하지 마.
Don't try to be too good.

더 이상 알려고 하지 마.
Don't try to learn any more about it.

더 이상 감추려고 하지 마.
Don't try to hide it anymore.

모든 사람에게 사랑받으려고 하지 마.
Don't try to be loved by everyone.

있지(ITZY) · 달라달라

여자 친구랑 왜 헤어졌어?

그냥 헤어졌어. 더 이상은 알려고 하지 마.

Track 063

날라리

Someone who likes to idle away their time is called 날라리. This usually refers to a teenager who is more interested in things like their appearance or dating than they are in studying. This expression is also used to refer to someone who is negligent and doesn't have the finish.

· 동생이 중학교 때는 모범생이었는데 고등학교에 가서 갑자기 날라리가 되었어.
  My younger brother was a good student in middle school, but when he went to high school, he suddenly became a delinquent.

· 동료가 일을 날라리로 해 놓고 휴가를 가서 내가 해야 돼.
  My colleague did his work poorly and then went on vacation, so now I have to finish it.

철들다(철이 들다)

철들다 (or 철이 들다) means to mature.

가 쟤는 왜 아직 철이 없을까?
  Why does he still act like a child?

나 고생을 안 해 봐서 그래. 사회생활 시작하면 철들 거야.
  Because he hasn't faced any difficulties yet. He'll become mature when he starts his working life.

If a child doesn't act like a child but behaves like a serious and mature person, 일찍 철이 들었다 can be used to describe them.

· 아이가 어른스러워요. 부모님이 편찮으셔서 일찍 철이 든 것 같아요.
  She's so mature for her age. I think she grew up early because her parents were ill.

On the other hand, when people don't act their age regardless of being old enough, they are described as "철이 안 들었다" or "철이 덜 들었다."

· 우리 오빠는 나이가 30인데도 아직 철이 안 들어서 엄마한테 옷을 사 달라고 조른다.
  My older brother is 30 years old, but he's still immature. He clings to our mom begging for buying clothes.

Track 064

 이번에 들어온 신입 사원은 어떻게 일을 이렇게 **날라리로** 하고 퇴근할 수 있죠?

보고서에 문제가 많은가요?

 마무리도 제대로 안 하고 그냥 가 버렸네요.

아직 신입이니 너무 **나쁘게만 보려고 하지 말고** 내일 출근하면 잘 얘기해 보세요.

_ □ ×

 언제까지 웹툰만 보고 있을 거야? 너는 취업 준비 안 해?

난 **너희들과 달라.** 난 나만의 길을 갈 거야.

 웹툰을 보는 게 너만의 길이니? **철 좀 들어라.**

두고 봐. 내가 나중에 꼭 보여 줄게.

신입 사원 new employee | 보고서 report | 마무리 finish | 제대로 properly | 출근하다 to go to work |
웹툰 webtoon | 취업 getting a job | 두고 보다 to wait and see

달라? 틀려?
Different? Wrong?

나는 너랑 틀려.
I am "wrong" from you.

틀린 게 아니라 다른 거지.
It's "different," not "wrong."

다르다 is an adjective meaning that two things are not the same, while 틀리다 is a verb that means that something is incorrect or that a certain behavior is wrong. Although the meanings of the two words are different, Koreans often say 틀리다 when they should say 다르다. However, more and more people are trying to differentiate between 틀리다 and 다르다 as many realize that mistakenly saying 틀리다 to convey difference can give a negative impression to the listener.

Wannabe

누가 뭐라 해도 난 나야

난 그냥 내가 되고 싶어

굳이 뭔가 될 필요는 없어

난 그냥 나일 때 완벽하니까

ABOUT THE SONG

"Wannabe" is a song from ITZY's mini-album released in March 2020. It shows the group's unique boldness and power. Koreans tend to have a lot of interest in and affection for other people, so they give a lot of advice about things that are irrelevant to them. However, recently, more and more people have come to feel tired of this culture. This song straightforwardly says things that nosy people haven't heard.

Wannabe

잔소리는 Stop it 알아서 할게
내가 뭐가 되든
내가 알아서 할 테니까 좀
I do what I wanna
평범하게 살든 말든 내버려 둘래
어차피 내가 살아 내 인생 내 거니까
I'm so bad bad 차라리 이기적일래
눈치보느라 착한 척
상처받는 것보다 백번 나아
I'm just on my way 간섭은 No No 해
말해 버릴지도 몰라 너나 잘하라고

★누가 뭐라 해도 난 나야
 난 그냥 내가 되고 싶어
 I wanna be me me me
 굳이 뭔가 될 필요는 없어
 난 그냥 나일 때 완벽하니까
 I wanna be me me me
 I don't wanna be somebody
 Just wanna be me be me
 I wanna be me me me
 I don't wanna be somebody
 Just wanna be me be me
 I wanna be me me me

Errbody errbody errbody

teachin' me All eyes on me

이래라저래라 모두 한 마디씩

Don't touch me

Ah yeah yeah yeah yeah yeah

내 앞가림은 내가 해

I'mma do my thang

Just do your thang

Cuz I'm the one & only

사람들은 남 말 하기를 좋아해

남의 인생에 뭔 관심이 많아 왜

저기 미안하지만 신경 좀 꺼 줄래요

It's none of your business

I do my own business

누가 뭐라 해도 난 나야

난 그냥 내가 되고 싶어

I wanna be me me me

굳이 뭔가 될 필요는 없어

난 그냥 나일 때 완벽하니까

I wanna be me me me

No matter if you love me

or hate me

I wanna be me

One and only me

If you feel me turn this beat up

I wanna be me me me

*Repeat

1 누가 뭐라 해도 난 나야.

Track 065

"누가 뭐라 해도" means "no matter what anyone says," conveying the idea that "My thoughts are unwavering regardless of what other people might negatively think." So "누가 뭐라 해도 포기하지 마" means "Don't be swayed by what other people say," implying you should strengthen your will.

누가 뭐라 해도 난 네 편이야.
No matter what others say, I'm on your side.

누가 뭐라 해도 신경 쓰지 않아.
I don't care what others say.

누가 뭐라 해도 난 내 갈 길 갈 거야.
No matter what others say, I'll go my way.

누가 뭐라 해도 난 포기하지 않을 거야.
No matter what others say, I won't give up.

누가 뭐라 해도 난 내가 하고 싶은 일을 할 거야.
No matter what others say, I'll do what I want to do.

2 굳이 뭔가 될 필요는 없어.

Track 066

"굳이 V-(으)ㄹ 필요 없다" means that one doesn't have to go to great effort to do something. 굳이, which is pronounced [구지], refers to taking pains when doing something. "굳이 뭔가 될 필요는 없어" means that you don't have to work hard to get a respectable job to meet the needs or expectations of others, or that you don't have to be especially cool or great.

굳이 무리할 필요는 없어.
There's no need to overdo it.

굳이 그렇게까지 할 필요는 없어.
You don't even need to do that.

굳이 나한테 얘기할 필요는 없어.
You don't have to tell me.

힘든데 굳이 올 필요 없어.
You don't have to come. I know it's tiring.

아직 쓸 만한데 굳이 바꿀 필요 없어.
It's still usable, so there's no need to buy a new one.

잇지(ITZY) • Wannabe

이래라저래라

"이래라저래라 (하다)," which is a shortened form of "이렇게 해라, 저렇게 해라," means that someone meddles with other people's business, telling them what to do. It has a negative connotation and to use this expression directly with another person is pretty impolite. Sometimes, "일해라 절해라" is found on the internet to mean "이래라저래라," but this is incorrect.

· 나한테 이래라저래라 하지 마.
  Don't tell me what to do.

· 언니가 이래라저래라 잔소리만 하고 도와주지는 않아서 짜증 나.
  I'm annoyed because my older sister just tells me what to do and never helps me.

· 네가 뭔데 나한테 이래라저래라야.
  Who do you think you are, telling me what to do?

신경(을) 끄다

신경(을) 끄다 means to not care. Although it literally means to not think anymore, be careful when using this expression with other people. If you say "신경 끄세요" to someone, it conveys a more rude and angry feeling than the expression "신경 쓰지 마세요," which means, "Don't worry about it."

· 다른 사람(의) 일에 신경을 끄려고 하는데 자꾸 신경이 쓰이네요.
  I try not to care about other people's business, but I keep caring about it anyway.

· 불필요한 일에 신경 끄고 지금 당장 중요한 일에 집중해.
  Stop worrying about unnecessary things and focus on what's important right now.

· 신경 꺼. 네 일이나 잘해.
  It's none of your business. Mind your own affairs.
  (This can be used between people who are very close, but isn't polite.)

Track 068

 회사를 옮기려고 하는데 사람들이 **이래라저래라** 한마디씩 하네.

다른 사람들 말에 너무 **신경 쓸 필요 없어.**

 응, 나도 그러려고 하는데 후회하게 될까 봐 좀 걱정돼.

아냐, **누가 뭐라 해도** 난 너를 믿어. 파이팅! 힘내!

_ □ ×

 내 일은 내가 알아서 할 테니까 **신경 좀 꺼 줄래?**

뭐라고? 신경 써서 얘기해 줬더니 너무한 거 아냐?

 고맙지만 사양할게. 나한테 **이래라저래라** 하지 마.

그래. 앞으로 너 혼자 잘 먹고 잘 살아라.

한마디씩 one word each | 파이팅 "Fighting!" ("You can do it!") | 힘내다 to cheer up | 너무하다 to go too far | 사양하다 to decline

163

오지랖이 넓다
Being nosy

오지랖

Koreans tend to be very interested in other people. When someone is far too empathetic and meddles with or shows excessive interest in others, the expression "오지랖이 넓다" is used. So what does 오지랖 mean?

오지랖 is the front piece, or outer end, of the upper half of a hanbok. In the old days, fabric was scarce and therefore precious, so when sewing garments, people made the outer end of the hanbok jacket overlap the inner end slightly so that the underwear within couldn't be seen. If the 오지랖 is too wide, it takes over and covers the other piece of fabric too much. This is where the expression 오지랖이 넓다 came from. Now, it has come to mean being nosy or unnecessarily telling others what to do too frequently when they don't want to hear it.

Recently, an interesting expression, 오지랖이 태평양이다, has come to be used, which means that someone's 오지랖 is as wide as the ocean (in other words, that someone is too nosy or meddles too much in the affairs of others). On the internet, a person who is nosy and tells other people what to do is called 오지라퍼, which was made by combining 오지랖 and -어(-er), the English suffix meaning "a person who does..."

Not Shy

내 맘은 내 거 그러니까

좋아한다고 자유니까

네 맘은 네 거 맞으니까

말해 봐 다 어서 다 cuz I'm not shy

ABOUT THE SONG

This song is the title track off the similarly named album «Not Shy», released in August 2020. It's the first love song released by ITZY since their debut. It shows the independent femininity of expressing what you want without being coy in front of a lover. The music video has a vintage feel reminiscent of American Western movies and includes a chase scene in a wasteland that conveys gaiety and a sense of speed, which make it attractive. You might easily think it was shot in a foreign country because of its exotic mood, but in fact, it was all shot in Korea. Yeji, one of ITZY's members, got her driver's license to shoot the chase scene.

Not Shy

Not shy Not me ITZY
난 다 원해 다다 yeah
Not shy Not me

난 빨리빨리 원하는 걸 말해
못 가지면 어때 괜히
망설이다 시간만 가니
Yeah 다 말할래
cuz I like it, cuz I like it, like it
기다려 왜 기다려서 뭐해
내가 내 맘을 왜
왜 말하면 안 돼 yeah
그냥 탁 그냥 탁탁탁탁탁

★Not shy to say I want you
 Hey there hey there 우리는
 Great pair great pair 네 맘이
 뭔지 모르지만 내 생각이
 맞아 그러니까 yeah yeah
 내 맘은 내 거 그러니까
 좋아한다고 자유니까
 네 맘은 네 거 맞으니까

★★말해 봐 다 어서 다 cuz I'm not shy
 Not shy Not me ITZY
 난 다 원해 다다 Not shy
 Not shy Not me
 Give me 다 다다 다다다다다

166

Not shy Not me ITZY
난 다 원해 다다 Not shy
Not shy Not me
너를 원해 뭐 어때 cuz I'm not shy

넌 빨리빨리 대답할 필욘 없어
어차피 내 거니까
날 보고 있기만 하면 돼
Yeah You will like it, cuz you like it
Cuz you like it like it
내가 미워 아니라면 비워
다른 건 다 지워 내가 네 only one yeah
그냥 싹 지워 싹싹싹싹싹

　★Repeat

★★Repeat

후회하긴 싫으니까
엔딩 상관없으니까
Go go go 모두 쏟아 내
No yes no 뭐든지 어때
이러면 저러면 어때
어차피 안 될 거 빼고 다 돼
Let's just be who we are
Do what we do 네 맘대로 해
Let the beat drop

Not shy Not me ITZY
난 다 원해 다다 Not shy
Not shy Not me

★★Repeat

Not shy Not me

1 기다려서 뭐해.

Track 069

뭐하다 is the shortened form of the adjective 무엇하다. This is used when thinking negatively about something just mentioned, meaning that thing is "useless" or "meaningless." It's often used in the form of "V-아서/어서 뭐해" or "V-(으)면 뭐해." "기다려서 뭐해" means, "You don't have to wait." Most of the time, this adjective is used negatively, but 말해 뭐해 can have a positive connotation depending on the situation. It can mean that there's no need to say anything at all because something is so good that everyone knows.

일찍 가서 뭐해. 피곤하기만 하지.
We don't need to go early. It would just make us tired.

구경해서 뭐해. 살 돈도 없는데.
What's the use of window shopping? I can't afford anything.

후회해서 뭐해. 시간을 돌릴 수도 없는데.
What's the use of regretting? We can't turn back time.

놀면 뭐해. 나랑 같이 운동이나 하자.
What's the use of sitting around? Come exercise with me.

말해 뭐해. 진짜 좋아.
There's no need for words. I love it.

동대문 같이 갈래?

구경해서 뭐해. 살 돈도 없는데. 잘 갔다 와.

2 왜 말하면 안 돼?

Track 070

"왜 V–(으)면 안 돼?" is an interrogative sentence to ask why a particular action is prohibited. The word order can be changed to "V–(으)면 왜 안 돼?" In the song, "내가 내 마음을 왜 말하면 안 돼?" is asking, "Why I am not allowed to say what's on my mind?"

왜 하면 안 돼?
Why shouldn't I?

왜 빨간색으로 이름을 쓰면 안 돼?
Why shouldn't I write names in red?

왜 신발 신고 집에 들어가면 안 돼?
Why can't I go into the house with my shoes on?

왜 시험 보는 날에 미역국을 먹으면 안 돼?
Why can't I eat seaweed soup on exam day?

밤에 손톱을 깎으면 왜 안 돼?
Why shouldn't I cut my nails at night?

괜히

This is an adverb meaning "without any reason." It's used often in everyday conversation.

· 요즘 괜히 피곤하고 힘드네. 왜 그럴까?
  These days, I feel tired and am having a terrible time for no reason. Why is that?

· 그 사람을 보면 괜히 웃게 된다.
  Whenever I look at her, it makes me smile for no reason.

It also has the meaning of "in vain." If 괜히 is used with a past tense verb, it conveys regret.

· 머리 괜히 잘랐어. 하나도 안 어울려.
  I regret having had my hair cut. It doesn't suit me.

어차피

This is an adverb meaning that an important fact can't be changed and the result is determined no matter what the situation or process is. It also means that there's no need to try to change the situation since the outcome is already decided, so it's often used when accepting one's fate or giving up something. It has a similar meaning to 결국. Some people misspell it as 어짜피, but 어차피 is the correct spelling.

· 지금 노력해 봤자 소용없어. 어차피 안 돼.
  It's no use making an effort. It won't work in any case.

· 어차피 결과는 정해져 있어.
  The result is already decided after all.

· 떠난 사람 때문에 너무 힘들어하지 마. 어차피 인생은 혼자 사는 거야.
  Don't be too sad because of someone who left you. After all, you live your own life by yourself.

Track 072

 한국에서는 **왜 신발 신고 집에 들어가면 안 돼?**

바닥에서 생활을 많이 하거든. 그래서 바닥이 깨끗해야 해.

 바닥에서 뭘 하는데?

바닥에 앉아서 밥도 먹고 잠도 자고 TV도 보고 그래.

 그 남자 기다리지 마. **어차피** 안 와.

있을 때 잘할 걸 그랬어.

 지금 **후회해서 뭐해.** 너도 빨리 잊고 새 출발 해.

그래. **괜히** 기다리지 말고 내 인생 살아야겠어.

바닥 floor | 잘하다 to do well | 잊다 to forget | 새 출발 fresh start | 인생 life

부끄럽다
Being Shy, Ashamed, Embarrassed

There are various words in Korean to express being shy or ashamed. Among these, 부끄럽다 often used in everyday life.

수줍다 is used when you feel shy about speaking or doing something in front of other people. Alternately, it describes someone who is shy when confessing their feelings or giving a gift to the person they like. It isn't used to refer to one's own feelings but rather to someone else's personality. In the –아요/어요 form, it becomes 수줍어요. The expression "수줍음이 많다" is also commonly used.

창피하다 means that you feel embarrassed and ashamed when a certain behavior that you wish to hide or undo is revealed to others. It can also be used when you feel ashamed not only because of your own actions, but also because of the behaviors of family or friends. When spoken in everyday conversation, 창피 is sometimes pronounced [챙피].

민망하다 means that you're so ashamed that you can't meet someone's eyes and don't know what to do. It can also be used when you feel embarrassed seeing someone else's embarrassing situation, when you feel unworthy of receiving excessive compliments, or when making an embarrassing request.

#7

엔시티

NCT

• Make a Wish (Birthday Song) • We Go Up

The name NCT is an acronym for "Neo Culture Technology," which conveys the group's identity as playing an active role on the stage of global cities around the world. NCT's key features are their expandability and openness. Unlike other existing idol groups that debut with and maintain a fixed number of members, the number and composition of the members of NCT can change at any time. For example, regional teams of NCT exist to debut in different cities around the world. Seoul is the main city where NCT 127 conducts their musical activities; 127 in the unit name represents the longitude of Seoul. Meanwhile, NCT DREAM is a unit made up of only teenage members who are engaged in their work as idols with the ambition of "dreams for teenagers and healing for adults." And in NCT U, the members change depending on the concept of the group, with the best-suited members to the genre and concept of a song forming a unit.

Make a Wish
(Birthday Song)

벗어나야 해 we gon' fly away

눈 똑바로 뜨고서는 꿈을 (꿔)

각자 자리에서 우린 숨을 (쉬어)

우리 통한다면 너도 이미 (star)

ABOUT THE SONG

NCT U, an abbreviation of NCT United, is the debut unit that first made the group name NCT known to the public. "Make a Wish" is the title track from NCT U's 2nd regular album, «Pt.1» released on October 12, 2020. Taeyong, Doyoung, Jaehyun, Lucas, Xiaojun, Jaemin, and Shotaro participated in this hip-hop-based dance song that starts with an attractive whistle sound. The lyrics about making a wish so that each of us can make our dreams come true are repeated with a strong, addictive hook. The orchestral version, released on August 12, 2021, gives off a unique charm.

Make a Wish
(Birthday Song)

Me you 우린 여길 떠나려 해
빨리 올라타 마음은 같은 곳에
겨우 그런 고민은 다음번에나 해
시간이 부족하잖아 so now we on
our way

자유롭게 come join me
수면 위로 꿈을 펼쳐 보이지
시작됐어 영화 같은 스토리
I can do this all day 하루 종일

we got this 오늘도 여긴
우리가 차지해 100%
넘어가 다음 단계 higher mental
우린 이미 다른 차원 다른 level ya
let's start we gon' fly
we won't stop it's alright

*I can do this all day
back it up back it up
서둘러 'hit that line'
시간 아까워 아까워 (you should)
필요 없어 no more sign ya
네가 어디에 있던 I can find ya
it's gonna be alright

손을 맞대 make a wish

hoo you should
make a wish
I'll take you anywhere
make a wish
(let me do it for you)

never stop keep breaking out
still working all the time

벗어나야 해 we gon' fly away
눈 똑바로 뜨고서는 꿈을 (꿔)
각자 자리에서 우린 숨을 (쉬어)
우리 통한다면 너도 이미 (star)
(너도 이미 star)
지치지 않아 got no limit
심장은 쿵쿵 keep drumming
한 통 다 부어 버려 기름
I'm ready to ride 바로 지금
let's start we gon' fly
we won't stop it's alright

*Repeat

너의 에너지 it links me up
(links me up)
지금 이 기분을 느껴 봐
(I'll do it for you)
널 어디로든 데려가 줄 수 있어
(조금씩 너에게로 가)
걱정 말고 let go

(×2) 손을 맞대 손을 맞대
now make a wish

I can do this all day
(I don't need to answer
don't need a question
we no professor)
oh oh oh that I want
(×2) 손을 맞대 손을 맞대
now make a wish

필요 없어 no more sign ya
네가 어디에 있던 I can find ya
it's gonna be alright
손을 맞대 make a wish

★Repeat

make a wish
(it's your birthday it's your)
(×2) make a wish
(I'll give you birthday cake yea)

it's gonna be alright
make a wish
(손을 맞대 손을 맞대)
make a wish
(손을 맞대 손을 맞대 now)
make a wish
Make a wish
(I'll give you birthday cake yea)
It's gonna be alright
Make a wish
(손을 맞대 손을 맞대)
Make a wish
(손을 맞대 손을 맞대 Now)
Make a wish

1 시간이 아까워.

Track 073

"N(이/가) 아깝다" expresses feeling sorry or regretful because one can't use something the way it was supposed to be used. A lost or wasted object is used as the subject. If the participants in the conversation already know the situation or object being referred to, the subject is often omitted. The expression is often used in conjunction with exclamatory endings such as "-네" and "-아/어라" because it's frequently said when talking to oneself or speaking without thinking.

이걸 만 원에 샀다고? 돈 아깝다.
Did you say you bought this for 10,000 won? What a waste.

아이스크림이 다 녹아 버렸네. 아까워라.
The ice cream has completely melted. What a waste.

아이고, 아까워라. 음식을 다 쏟았네요. 어떡하죠?
Oops, what a shame. I spilled all my food. What should I do?

5점만 더 받았으면 토픽 3급에 합격할 수 있었는데, 아깝다.
If I'd just gotten five more points, I could have passed the third level of TOPIK…
What a shame.

한국어를 3년 배웠는데 아직 '안녕하세요'도 몰라? 시간이 아깝네.
You studied Korean for three years and you don't know what 안녕하세요 means.
What a waste of time.

2

여기에서 벗어나야 해.

"V-아야/어야 하다" expresses an obligation or necessity to do something or the necessity of a certain condition. There is only a slight difference between this expression and "V-아야/어야 되다." 하다 emphasizes the action while 되다 conveys the nuance that one cannot help doing the action because of the situation.

오늘 집에 일찍 들어가야 해.
I should go home early.

일이 생겨서 회사에 다시 가야 해.
An issue came up so I have to go back to work.

내일 시험이 있어서 공부해야 해.
I have to study for an exam tomorrow.

빨리 나으려면 약을 먹어야 해.
If you're going to get better, you should take some medicine.

그 식당에 가려면 미리 예약해야 해.
If you're going to that restaurant, you should make a reservation beforehand.

저녁에 같이 놀자.

미안해. 오늘 엄마 생신이라서 집에 일찍 들어가야 돼.

엔시티(NCT) · Make a Wish(Birthday Song)

Track 075

하나의 목적어만 갖는 동사 Verbs with one object

꿈을 꾸다

꾸다 means that you are experiencing imaginary events in your mind while sleeping. This illusion seen while sleeping is is called 꿈 (a dream), which is made by adding the ending "-(으)ㅁ" to the verb 꾸다. When the verb 꾸다 is used, the object of the verb should always should be the noun 꿈.

· 어젯밤에 잠을 자다가 이상한 꿈을 꾼 것 같아.
   I think I had a strange dream last night as I was sleeping.

꿈 and 꾸다 combine together to form one word: 꿈꾸다. In addition to the meaning of dreaming while asleep, 꿈꾸다 has the meaning of wishing for something to happen in one's heart or setting one's own goals.

· 나는 차별 없는 공평한 세상을 꿈꾼다.
   I dream of an impartial world without discrimination.

숨을 쉬다

쉬다 widely is known to mean to take a rest. It is also used to refer the act of inhaling and exhaling air through the mouth or nose. This air passing through the mouth and nose is called 숨. 쉬다 can take only 숨 as its object, and is thus used as "숨을 쉬다."

· 너무 답답하면 몇 번 크게 숨을 쉬어 보세요.
   If you feel stuffy, take several deep breaths.

The breath we exhale while breathing is called 날숨 and the breath we inhale is called 들숨. A long exhale when one is frustrated or worried about something is called 한숨.

· 어머니는 무슨 걱정이 있으신지 혼자서 한숨을 쉬셨다.
   Mother gave a sigh, appearing to have some worries.

Track 076

 아, 안 돼!

야, 너 괜찮아? 천천히 **숨 쉬어 봐**.

 꿈이었구나. 다행이다.

무슨 **꿈 꿨는데**?

 꿈에서 자꾸 누가 날 쫓아오더라고.

_ ▢ ✕

 아, **아까워라**. 조금만 더 일찍 왔으면 무대와 가까운 자리에 갈 수 있었을 텐데.

몇 시에 왔는데?

 5시쯤?

무대와 가까운 자리로 가려면 **더 일찍 와야 해**. 무대 쪽에 있는 사람들은 아침 10시에 왔다고 그러더라고.

쫓아오다 to chase after | 무대 stage

엔시티(NCT) • Make a Wish(Birthday Song)

소원을 비는 법
How to Make a Wish

Different groups of people around the world have a variety of ways of making wishes. Although the specific objects and methods for making their wishes vary, they try to show their wishes and aspirations to gods or objects believed to have miraculous powers like a god might.

In Korea, in the past, people made wishes before old trees or stones in the village believed to have supernatural powers, or they made a wish to the first full moon of the year, called 정월 대보름 (Jeongwol Daeboreum). Among these customs, that of making a wish while looking at 정월 대보름 still remains. While making a wish to the moon, they put their hands together and pray for their wishes. Praying with palms put together is seen in many religions around the world. Isn't this because human hearts are all the same when it comes to gods and wishes, even though countries and their peoples are different?

We Go Up

좀 더 멀리 날아 보려고 해

서툰 날 빛나게 해 준 날의

기억들로 날 아름답게 해

ABOUT THE SONG

This song was a title track, released on September 3, 2018, from the second mini-album "We Go Up" from NCT Dream's septet unit, which includes Mark, Renjun, Jeno, Haechan, Jaemin, Chenle, and Jisung. It's an urban hip-hop song with a refreshing and modern feel and with the impressive chorus of "we go up" repeated in mellifluous vocals. As the song title suggests, the listener can feel the members' hopes, desires, and will to go higher.

We Go Up

시작부터 다 예상 밖의 놀라운 Style
작은 Step들로 뿜어내 big vibe
Keep up
Too slow too fast 속도 control
보폭 넓혀 Tempo 올려
어디서도 기억해 너의 빛
계속해 똑같이 Wild and free
보드 바퀴 달고 춤췄고
타러 가 더 빠른 Ride let's go
Yeah I know 멀게 보이던 네가
선명해 결국 Rendezvous

★좀 더 멀리 날아 보려고 해
서툰 날 빛나게 해 준 날의
기억들로 날 아름답게 해
이번 트랙을 끝내자 다음 스테이지
We go up

★★We go up uh uh uh go up
We go up uh uh uh go up
We go up uh we go up
We go up
We go up

비트 위에서 Ball 튕겨 봤지 뭐만 하면 shot
달콤한 풍선껌 이젠 다 씹었네
시간 가도 식지 않을걸
몸 안 사려 다음 Play we go
아무리 빨리 달려도 We don't run out
밤과 낮의 차이 상관없이 Stay alive
Look time flies we fly 변화와 타이밍
순식간 달라 Everyday

두렵지 않을 수 있는 이유
나를 바라보는 네 두 눈
그것만이 날 자유롭게 해
이번 트랙을 끝내자 다음 스테이지
We go up

★★Repeat

끝은 없어 지켜봐 줘
더 높이 천천히 올라가
그 땀 위에서 너에게 외쳐
I need you right hear yeah

★Repeat

1 한번 해 보려고 해.

Track 077

"V-(으)려고 하다" shows the will or plans of the speaker. It implies a slightly stronger intention or will than "V-(으)ㄹ까 하다," but weaker intentionality or realization than "V-(으)ㄹ 것이다." When combined with "V-아/어 보다," which means to give something a try, it becomes "V-아/어 보려고 하다," showing a will to try something. When actually spoken by Koreans, the [ㄹ] sound is often added so that it's pronounced like [을려고]. ★It's also common to omit the verb 하다 and end sentences with "-고(요)."

내일까지 업무를 끝내려고 합니다.
I plan to finish my work by tomorrow.

주말에 도서관에서 공부하려고 해요.
I'm going to study at the library over the weekend.

이번 휴가 때는 한국 여행을 가려고 해요.
I'm going to go on a trip to Korea this vacation.

좋아하는 사람에게 고백해 보려고 해.
I'm going to ask out the person I like.

★ **이제 가려고.**
I'm leaving now.

이번 주말에 바빠?

주말에 도서관에서 공부하려고 해.

2 너는 나를 기쁘게 해.

Track 078

"N₁은/는 N₂을/를 A/V-게 하다" means that the preceding noun causes the subsequent noun to be in a certain mood or state. It also can be used as "N₁은/는 N₂을/를 A/V-게 만들다." In general, expressions for emotions, such as 슬프다 (to be sad), 기쁘다 (to be happy), 화가 나다 (to be upset), and 놀라다 (to be surprised), or words describing appearance, such as 예쁘다 (to be pretty), 빛나다 (to shine), and 돋보이다 (to stand out), often come in predicates.

개는 나를 미치게 해.
He drives me crazy.

넌 가끔 나를 화나게 해.
You piss me off sometimes.

너의 거짓말은 나를 슬프게 해.
Your lies make me sad.

이 꽃 장식은 요리를 더 돋보이게 하는군요.
This flower decoration makes the dish stand out even more.

팬들의 존재는 그들이 응원하는 가수를 빛나게 해요.
The existence of fans makes the singer they support shine.

엔시티(NCT) · We Go Up

빛나다

This expression indicates the light shining brightly or shining out and reflecting off another object. It can be written as two words as 빛이 나다 by separating it into a subject and a verb, or as one word like 빛나다.

· 어둠 속에서 휴대폰 불빛이 환하게 빛나고 있다.
  The light of the cell phone is shining brightly in the dark.

· 손가락에 낀 다이아몬드 반지에서 빛이 났다.
  A diamond ring glittered from her finger.

뿜어내다

뿜어내다 means to take out or bring out what is inside, and is generally used to convey blowing out or emitting things that have unclear or invisible forms, such as gas or heat.

· 공장들이 연기를 굴뚝으로 뿜어낸다.
  The factories emit smoke through their chimneys.

· 공연장에 모인 관중들은 엄청난 열기를 뿜어냈다.
  The crowd gathered at the concert hall gave off an enormous amount of heat.

This verb is also used to express light or energy radiating from within.

· 무대 위에 선 모델은 엄청난 카리스마를 뿜어냈다.
  The model who stood on stage exuded tremendous charisma.

· 링 위에서 챔피언이 온몸으로 뿜어내는 에너지가 상대 선수를 압도했다.
  In the ring, the energy that the champion exuded from his body overwhelmed the opponent.

Track **080**

팬 사인회 어땠어? 오빠들 직접 보니까 멋있지?

응, 등장할 때부터 엄청난 **카리스마를 뿜어내더라고.**

아, 진짜 좋았겠다.

그래, 다음에는 꼭 같이 가자.

응, 나도 다음에는 무슨 일이 있어도 **꼭 가려고.**

_ □ ✕

이거 선물이야. 한번 껴 봐.

너무 예쁘다. 완전 반짝반짝 **빛나네.**
그런데 갑자기 웬 반지야?

오늘은 우리가 만난 지 1000일째 되는 날이야.

진짜? 난 전혀 생각 못 하고 있었는데.
넌 가끔 날 이렇게 깜짝 **놀라게 하는** 재주가 있어.

팬 사인회 fan meeting | 등장하다 to appear | 카리스마 charisma | 반짝반짝 glittering | 웬 what | 반지 ring |
전혀 not at all | 가끔 sometimes | 재주 talent

땀의 의미
The Meaning of Sweat

우리는 언제쯤 데뷔하게 될까?
When do you think we'll be able to make our debut?

땀 흘려 노력하고 있으니까 우리도 곧 데뷔할 수 있을 거야.
We're going to make it soon because we're working and sweating.

Traditionally, in Korea, the basic virtues that people should have are patience and sincerity. And the symbol that stands for patience and sincerity is the sweat flowing from our body. Even in the realm of K-Pop idols, these virtues apply without exception. No one can deny that in order to debut as an idol, one has to go through a difficult training process as a trainee for a long period time. The outstanding dancing and singing skills of Korean idols are not simply natural talents, but surely the result of long periods of hard work and practice.

#8

화사

Hwasa

MAMAMOO, who debuted in June 2014, is a four-member girl group consisting of Moonbyul, Wheein, Solar, and Hwasa. It's said that "Mama" in the group's name means that their music is familiar, like a mother. Some say that "Mama" refers to a sound added instead of lyrics when improvising. MAMAMOO, with a reputation as a talented girl group, is famous for its versatility, with strong vocals, rap, dance, and performances. Each member is also actively engaged in solo activities. Among them, Hwasa participated in writing lyrics and composing, and has already released solo songs on MAMAMOO's albums. Her outside solo work started with 《Twit》 in 2019, and she released the mini-album 《Maria》 in 2020.

Orbit

곁에 머무를게

어두운 밤이 와도

너의 꿈에 닿을 때

사라진 두려움

> ABOUT THE SONG

"Orbit," sung by Hwasa, a member of MAMAMOO, is a song included on the soundtrack of the Korean TV drama "The King: Eternal Monarch," which aired in 2020. The drama is a fantasy romance in which the emperor of the fictional Kingdom of Corea crosses into the Republic of Korea, which is in another parallel world, and meets a female detective. The song's title, "Orbit," is "궤도" in Korean, referring to the curved path of an object going round and round something else. The title goes well with the lyrics saying "I'll always be with you, just as the moon is with the Earth, orbiting it." With Hwasa's strong voice and mystical sound, this song expresses the fantastical mood of the drama well.

Orbit

★ 곁에 머무를게
어두운 밤이 와도
너의 꿈에 닿을 때
사라진 두려움

새벽 언저리에 서 있네
덧없이 날을 지새우고
널 위해 시린 마음이
이젠 괴롭지 않아

You'll be fine
Like a rising star
너도 저 별빛이 보여
같은 날 같은 시간
내가 있을게

So why don't you stay
Please don't go away

★Repeat

You found love
You've got love
끝없이 난 걸을게
그대의 주위를

I will be back

영원을 약속해 Uh
I don't need to prove it Uh
기울져 가는
시간을 되돌려
Just drop it
외로움도 그리움도
피하긴 힘들어
내가 있어 겁먹지 마

You won't lie
You will shine bright
결말의 빛이 보여
같은 날 같은 시간
내가 있을게

So why don't you stay
Please don't go away

★Repeat

You found love
You've got love
끝없이 난 걸을게
그대의 주위를
I will be back

1 이제는 괴롭지 않아.

Track 081

"이제는 A/V-지 않다" means that something isn't like what it once was.
"이제는 괴롭지 않아" indicates that someone was suffering from something,
but isn't suffering anymore. "이제는 울지 않아" means "I cried before, but I
don't cry anymore, unlike in the past."

이제는 슬프지 않아.
I'm not sad anymore.

이제는 외롭지 않아.
I'm not lonely anymore.

이제는 무섭지 않아.
I'm not scared anymore.

이제는 사랑하지 않아.
I don't love you anymore.

이제는 아무렇지 않아.
I don't care anymore.

혼자 사니까 외롭지?

전에는 외로웠는데 이제는 외롭지 않아.

2 너도 저 별빛이 보여?

"N이/가 보여?" is asking if the listener can see the object N, and has a similar meaning to "N을/를 볼 수 있어?" "N이/가 보이다" is an expression used when one becomes aware of something because it can be seen regardless of the speaker's will; it conveys the meaning of discovery. "N이/가 안 보이다" is used when the object N isn't where it should be, or means that the object is impossible to see.

앞에 뭐가 보여?
What can you see in front of you?

저기 바다가 보여.
I can see the ocean over there.

머리에 흰머리가 보여.
I found a gray hair on my head.

휴대폰이 안 보여.
I can't find my cell phone.

아무것도 안 보여.
I can't see anything.

괴롭다

This is an adjective that means that the body or mind is in pain. It's used when the difficulty one is going through is very severe.

· 삶이 괴롭고 답답할 때 어떻게 극복하시나요?
   How do you overcome when life is suffering and frustration?

· 한 달 전부터 밤에 잠을 제대로 못 자서 너무 괴로워요.
   I've been suffering a lot, having been unable to sleep properly at night for over a month.

· 통증이 심해서 못 참을 정도로 너무 괴로우면 이 약을 드세요.
   If the pain is so severe and intolerable, take this medicine.

외로움, 그리움, 두려움

외로움, 그리움, and 두려움 are all nouns, each of which can be turned into adjectives: 외롭다, 그립다, and 두렵다. Feeling lonely because there's no one to depend on is called 외로움. It's usually used in expressions such as "외로움을 느끼다" and "외로움을 타다."

· 제가 외로움을 많이 타서 같이 살 룸메이트를 구하고 있어요.
   I get lonely easily so I'm looking for a roommate to live with.

그리움 refers to the desire to see a person or an object that one knew or experienced in the past.

· 돌아가신 할머니에 대한 그리움이 점점 커져 간다.
   The longing for my deceased grandmother gradually grows.

두려움 refers to being anxious and worried because of fear of an object or situation.

· 실패에 대한 두려움을 버리고 도전해 보세요.
   Let go of your fear of failure and give it a try.

Track 084

 눈 수술은 잘됐어?

 수술은 잘됐는데 **아직 앞이 안 보여서** 답답하고 **괴로워.**

 언제까지 **안 보인대?**

 3일은 더 기다려야 한대.

 처음에 고향을 떠나 혼자 살기 시작했을 때 **외로움을** 많이 느꼈어요. 부모님에 대한 **그리움도** 컸고요.

 이젠 힘들지 않아요? 어떻게 극복했어요?

 동네 친구들을 사귀기 시작하면서 점점 괜찮아졌어요.

 혼자 사는 것에 대한 **두려움이** 있었는데 이야기를 들으니까 도움이 되는 것 같아요. 이야기해 주셔서 고마워요.

눈 수술 eye surgery | 잘되다 to go well | 답답하다 to be frustrating | 극복하다 to overcome | 동네 neighborhood |
도움 help

화사(Hwasa) · Orbit

해와 달이 된 오누이
The Brother and Sister Who Became the Sun and the Moon

Once upon a time, there lived a mother, her son, and her daughter. One day, the mother went to sell rice cakes and came across a tiger. The tiger said to the mother at the hill of a mountain, "Give me a rice cake or I'll eat you up."

She gave the tiger a rice cake. But the tiger kept demanding another, and when the rice cakes ran out, he devoured the mother. He put on the mother's clothes and went to her house and said to her children, "Kids, I'm home. Open the door, please."

The brother realized that his mother's voice was strange and asked her to show her hand to them. When they saw the tiger's paw, they were startled and slipped out the back door to climb up a tree. The tiger noticed and chased them. The children prayed and begged God to save them, crying. A thick rope came down from the sky and they grabbed the rope and climbed up it. The tiger saw this and also prayed to God to drop a rope. A rotten rope came down from the sky and the tiger grabbed it. But on his way up to the sky, the rope snapped and he fell to his death. Meanwhile, the brother became the moon and the sister became the sun.

마리아

마리아 마리아 널 위한 말이야

빛나는 밤이야 널 괴롭히지 마

오 마리아 널 위한 말이야

뭐 하러 아등바등해 이미 아름다운데

ABOUT THE SONG

This song is the title track off a solo album released by MAMAMOO's member, Hwasa in June 2020. Hwasa participated in composing and writing the lyrics for this song and gave her baptismal name "Maria" as its title. The music video is powerful and tells the story of a wounded, fragile Maria dying and being reborn as Maria the femme fatale, who doesn't take people's hatred seriously. This song criticizes those who hate her and conveys the message not to be hurt or tormented by people who would hurt you.

마리아

욕을 하도 먹어 체했어 하도
서러워도 어쩌겠어 I do
모두들 미워하느라 애썼네
날 무너뜨리면
밥이 되나

외로워서 어떡해
미움마저 삼켰어
화낼 힘도 없어
여유도 없고
뭐 그리 아니꼬와
가던 길 그냥 가
왜들 그래 서럽게

★마리아 마리아
넬 위한 말이야
빛나는 밤이야
넬 괴롭히지 마
오 마리아 넬 위한 말이야
뭐 하러 아등바등해
이미 아름다운데

(yeah) Oh na ah ah
(yeah) 넬 위한 말이야

(yeah) Oh na ah ah
(yeah) 아름다워 마리아

No frame no fake
지끈지끈거려
하늘은 하늘색 사는 게 다 뻔해
내가 갈 길은 내가 바꾸지 뭐
위기는 기회로 다 바꾸지 뭐
굳이 우는 꼴이 보고 싶다면
옜다 눈물

외로워서 어떡해
미움마저 삼켰어
화낼 힘도 없어
이유도 없고
마음을 더럽히지 마
타락하기엔 아직 일러

★Repeat

(yeah) Oh na ah ah
(yeah) 널 위한 말이야
(yeah) Oh na ah ah
(yeah) 아름다워 마리아

★Repeat

(yeah) Oh na ah ah
(yeah) 널 위한 말이야
(yeah) 널 위한 말이야
(yeah) 아름다워 마리아

1 널 위한 말이야.

Track 085

"N을/를 위하다" means to help or to improve things for the object of the sentence. When introducing a thing or an action that has been prepared to benefit the object of the sentence, "N(person)을/를 위한 N(thing/action)(이)야" is used.

이 책은 나를 위한 책이야.
This book is for me.

이 자리는 노약자를 위한 자리야.
This seat is for the elderly and infirm.

이건 모두 다 너를 위한 선택이야.
All of these are your choices.

이건 너를 위한 마지막 선물이야.
This is the last present for you.

이건 피곤한 직장인을 위한 피로 회복 영양제야.
These are nutritional supplements made for weary workers to relieve their fatigue.

2 뭐 하러 아등바등해?

Track 086

"뭐 하러 ~?" is an expression used when you don't understand someone else's actions. It has a critical nuance and expresses the opinion that the action is unnecessary. Although it takes an interrogative form, it's used to express negative thoughts about something rather than to actually ask about the purpose of the action. 뭐 하러 can come before or after the object.

뭐 하러 술을 마셔?
What are you drinking alcohol for?

그런 얘기를 뭐 하러 해?
Why are you talking about such a thing?

그런 책을 뭐 하러 읽어?
Why are you reading a book like that?

똑같은 걸 뭐 하러 또 샀어?
Why did you buy the same thing again?

아픈데 뭐 하러 왔어? 집에서 쉬지.
Why did you come? You should have rested at home.

화사(Hwasa) · 마리아

205

노래에 나온 표현들 Expressions from the song

Track 087

서럽다

This refers to being sad because you feel sorry for yourself in a bad situation or when you're being treated badly. It's used when you're so sad that you weep bitterly, or when your heart is in pain.

· 그동안 고생했던 일이 생각나서 눈물 콧물 흘리면서 서럽게 울었어.
All my past hardships came to mind and I cried bitterly, shedding tears and with my nose running.

· 어제 생일이었는데 아무도 생일 축하를 해 주지 않아서 서러웠어.
It was my birthday yesterday, and I was so sad that no one congratulated me on it.

괴롭히다

This is a verb used when a person, thing, or situation makes someone suffer by annoying them.

· 어젯밤에 동생이 노래 부르면서 잠을 못 자게 괴롭혀서 짜증이 났어요.
Last night, I was annoyed by my younger brother, who was bothering me by singing to keep me up.

· 누가 괴롭혀? 너를 괴롭히는 사람 있으면 내가 혼내 줄게.
Who's bothering you? If someone's bothering you, I'll set them straight.

아등바등

This is an adverb that expresses trying to achieve something in a difficult situation. It's used when trying to forcibly accomplish something that is very difficult to do. When turned into a verb, it becomes 아등바등하다. Although it has a similar meaning to 열심히, 아등바등 has a strong nuance of pity. It's often used to describe living with difficulty for a long period of time, without room to consider one's mental health.

· 10년 동안 일만 하면서 아등바등 살았어. 이제 나도 쉬고 싶어.
For 10 years, I've just worked and struggled to live. Now I want to rest.

· 너무 잘하려고 아등바등하지 마. 그러면 스트레스만 많아져.
Don't struggle too much only to get stressed out.

Track 088

 같이 운동하러 가지 않을래?

힘들게 **운동을 뭐 하러 해?** 주말에는 집에서 TV 보는 게 최고야.

 운동을 해야 건강해지지. **이게 다 너를 위한 말이야.**

됐어. 나 **괴롭히지** 말고 그냥 너 혼자 가. 주말에는 그냥 쉬고 싶어.

_ □ ×

 또 여행 가? 그렇게 여행을 자주 가면 돈은 언제 모아?

난 별로 **아등바등** 살고 싶지 않아. 즐기면서 살 거야.

 지금 미리 준비하지 않으면 노후를 **서럽게** 보낼 수도 있어.

난 미래의 행복보다 지금의 행복이 더 중요해.

모으다 to save up | 즐기다 to enjoy | 노후 old age | 미래 future

화사(Hwasa) · 마리아

아니꼽다
Getting on One's Nerves

One expression used to show dislike is 아니꼽다. 아니꼽다 is used when someone's words or actions are unpleasant and get on your nerves. This expression's origin is related to the body. It comes from the phrase "안이 곱다," "안" meaning internal organs and "곱다" meaning to be crooked or curved. It means that you don't like what other people say or do, as if the intestines in your stomach were all twisted up. When someone makes a mistake and doesn't apologize, which feels unpleasant, you can say to a third party that "쟤는 뭐가 잘나서 저렇게 당당해? 진짜 아니꼽다" ("What is he so confident for? He gets on my nerves.") When 아니꼽다 is used with –아/어, it should be 아니꼬워, but many people pronounce it as [아니꼬와].

APPENDIX

TRANSLATION 1

블랙핑크 (BLACKPINK)

마지막처럼   p.25

CONVERSATION

W1 What are you so excited about?

M1 In 5 minutes now, Blackpink's new music video will be released.

W1 You were a fan of Blackpink?

M1 Yes. Didn't you know that? I'm so excited, my heart is racing.

W1 I heard your boyfriend came to the office yesterday and proposed you. How did you feel?

W2 I was so shy because there were people there. How my face was burning up!

W1 Did you answer him, then?

W2 No, I haven't answered yet.

W1 Your boyfriend must be so anxious. Answer him quickly.
Oh, I want to be proposed to in front of lots of people like you.

Forever Young   p.33

CONVERSATION

W1 Hey! Your classes are over for the day, right? I'm going to go seeing the fireworks today. Would you like to go with me?

M1 Okay. So when are we going?

W1 Let's go right away. Huh? Where's your bag?

M1 Oh! I left with my bag still in the classroom. Hang on. I'll be right back.

M1 We're here at a concert venue where we can feel the passion for K-Pop burning hot. Let's have an interview with two fans. How was today's concert?

W1 I loved it. They set our hearts on fire.

W2 They were awesome. Watching them dazzle like a flame I thought that I could follow them anywhere as long as I were with them.

M1 Yes, it was such an amazing performance. Thanks for the interview, you two.

뚜두뚜두   p.41

CONVERSATION

M1 What is this present? Did you buy it for me?

W1 Don't flatter yourself. It isn't yours. It's for my boyfriend.

M1 You said you quarrelled with your boyfriend yesterday.

W1 We made up already.

M1 Of course, nothing changes from a lovers' quarrel.

W1 I heard your brother is going to take part in a K-Pop dance contest.

W2 Yes, he is. It's so obvious he's going to fail because of his poor dance skills.

W1 I agree. I watched last year's contest. Every participant danced well like they

were in their element.

W2 I said that too, but he said he definitely wanted to give it a try.

Kill This Love p.49

CONVERSATION

W1 Why are you so late?

M1 Oh, sorry, I left early, but there were a lot of cars on the road....

W1 What a flimsy excuse. I'm fed up with it.

M1 I'm so sorry. I sincerely apologize.

W1 Apologize? What a ridiculous apology it is.
Don't apologize every time. Just keep your word.

W1 I have an exam tomorrow and I didn't study at all.

W2 It'll be fine if you study all night. Let me help you.

(After 30 minutes)

W1 What should I do? I'm so sleepy that I can't stand it anymore.

W2 I think... you had better just go to bed.

How You Like That p.57

CONVERSATION

W1 Let's not see each other anymore. I'm sorry.

W1 You're lying, right? Look at me in the eyes and say that again.

W1 I'm serious. My work is more important than you right now.

W1 Okay. It's your choice, but don't come crying later over spilled milk.

M1 How was the K-Pop singing contest you took part in last time?

M2 I didn't win any awards. There were so many people who could sing well.

M1 It serves you right. You have such a big head.

M2 Okay, laugh at me as much as you want. I'll show you how talented I am next time.

스트레이 키즈 (STRAY KIDS)

神(신)메뉴 p.67

CONVERSATION

W1 Are your wedding preparations going well?

W2 I don't know. Something keeps coming up.

W1 Everyone's usually like that when preparing for a wedding. Don't try to do everything all at once. Just do things one by one.

W2 Alright, got it.

W1 Who ordered bibimbap?

M1 That's mine.

W1 And the samgyetang?

M1 The soup is Mom's.

소리꾼 p.75

CONVERSATION

M1 There are too many people. And why are they shouting like that?

W1 An idol group is holding a performance here in a little while.

M1 That's why there are so many people.

W1 This isn't a chance we can get every day. Shall we watch the performance for a little bit?

W1 I spat something out to my boyfriend that I shouldn't have said.

W2 What did you say?

W1 I asked him if he was an expert nagger and told him to stop nagging me.

W2 Oh geeze. You and your boyfriend must be in a bad mood.

M1 I was playing a game and time just flew by... I'm sorry. I promise I won't be late next time.

W1 It's a bit disappointing that you're always just saying that.

M1 Oh, it's Jeongyeon's birthday tomorrow. How do I give her her present?

M2 Give it to her in person. What's the problem?

M1 What if she doesn't accept my present? I don't think I can do it.

M2 Then just quietly put it in her bag.

트와이스 (TWICE)

Cheer Up   p.85

CONVERSATION

M1 Could you give me the answer to this question, please?

W1 No, that's your homework.

M1 Please, I'm begging you.

W1 Trying thinking about it a little more.

W1 I keep getting texts from my blind date from yesterday.

W2 Just ignore it if you don't like it.

W1 I feel uncomfortable ignoring it because a senior in the office set us up.

W2 Then send him a message and politely turn him down.

TT   p.93

CONVERSATION

W1 Why are always you late for your appointments with me?

What is Love   p.101

CONVERSATION

M1 [out of breath]

W1 Why are you panting like that?

M1 I thought I'd be late so I ran from the parking lot. I feel like my heart might burst.

W1 They say lots of people these days are short of exercise. That's totally you. Get some exercise.

W1 Hey sis, what is love?

W2 Love? Why are you asking that all of a sudden?

W1 I want to know what love is.

W2 If you feel butterflies in your chest and your heart races when you see someone, that's love.

아이유 (IU)

CONVERSATION

W1 Today is my third day staying at a hotel and I'm in big trouble because it's costing too much.

W2 Really? Then do you want to stay at my place?

W1 Is that okay? In that case, I'd be really thankful.

W2 I'll write the address down. Come to the address written here.

M1 Wouldn't it be great if I won the lottery?

W1 Whoa! Look at this! I really won the lottery!

M1 For real? No way.

W1 Wow! How did this happen to me? It's like a dream.

CONVERSATION

M1 What kind of scent is this? This fragrance is so good.

W1 A lot of cosmos flowers have bloomed.

M1 When the wind blows, I can feel the fragrance of the flowers.

W1 Yes, I feel like I'm getting drunk on the scent of the flowers.

W1 Did you make this bag yourself?

W2 Yes, I made a bag out of jeans I don't wear to send to my sister. What do you think?

W1 Wow, it's amazing that you made this yourself. I think you could even sell it.

W2 Thank you. I hope my sister likes it when she gets it.

CONVERSATION

M1 Those two stick together and seem never to be apart from one another.

W1 That's because they've finally met again after missing each other for a long time.

M1 How do you know that?

W1 There's nothing I don't know. I've got my ways.

W1 When will we go to Korea?

M1 Maybe we'll be able to go next year?

W1 I've got to study Korean hard for the day I go to Korea.

M1 Right. I should study hard too.

에스파 (aespa)

CONVERSATION

W1 This is my first trip abroad, so I'm nervous. Will we be able to have a safe trip?

M1 Of course. It's a country that many tourists visit, so we'll be safe.

W1 But I heard the country isn't very secure.

M1 Don't worry. If anything goes wrong, I'll protect you.

M1 If we win this game, we're in the finals.

M2 The next opponent is last year's champion. You know how tough they are. We're never going to win over them.

M1 Have confidence. We can do it. Let's beat out last year's champion team and win a championship!

자각몽 (Lucid Dream)   p.145

CONVERSATION

M1 Why did it take you so long to get here?

W1 I got lost in an alley on the way and wandered about. It was dark, do you know how scared I was?

W1 So don't let go of my hand, then.

M1 Okay. I won't let go of your hand.

W1 I had a really lovely day today.

M1 Me too. It's really nice to watch the sea with you.

W1 As we get older, this moment is going to become blurry, isn't it?

M1 Not really. I'll never forget this moment no matter how old I get.

있지 (ITZY)

달라달라   p.155

CONVERSATION

W1 How can this new employee leave the office with his work done so sloppily like this?

M1 Are there many problems with the report?

W1 He didn't finish it properly and just left.

M1 He is still a newbie, so don't try to see the bad in him too much and talk about it with him tomorrow.

W1 How long are you just going to read webtoons? Aren't you going to prepare to get a job?

M1 I'm different from you guys. I'll go my own way.

W1 Is reading webtoons your own way? Grow up a little.

M1 You wait and see. I'll prove myself.

Wannabe   p.163

CONVERSATION

W1 I'm trying to change my job, but everyone has something to say, telling me what to do.

W2 You don't have to care too much about what other people say.

W1 Yeah, I'm trying not to, but I'm worried I'll regret it.

W2 No, no matter what they say, I believe in you. Fighting! Cheer up!

M1 I'll take care of my own affairs, so would you mind your own business?

W1 What? I said something because I worry about you. Aren't you going too far?

M1 Thank you, but I'll pass. Don't tell me what to do.

W1 Okay. Have a good life on your own, then.

Not Shy   p.171

CONVERSATION

M1 Why shouldn't I wear shoes in the house in Korea?

W1 We spend a lot of time on the floor. So the floor should be clean.

M1 What do you guys do on the floor?

W1 We eat meals, sleep, and watch TV sitting on the floor.

W1 Don't wait for him. He never comes back, in any case.

W2 I should have been good to him while we were together.

W1 What's the use in regretting it now? Hurry up and forget him, and make a fresh start.

W2 Right. I won't wait for him for no reason. I have to live my life.

엔시티 (NCT)

Make a Wish (Birthday Song) p.181

CONVERSATION

M1 Oh, no!

W1 Hey, are you okay? Take a deep breath, slowly.

M1 It was a dream. Thank goodness.

W1 What did you dream about?

M1 In my dream someone kept chasing after me.

W1 Oh, what a shame. If I'd gotten here a little earlier, I could have gotten a seat close to the stage.

W2 What time did you get here?

W1 Around 5?

W2 If you want a seat close to the stage, you have to come earlier. The people near the stage said they came at 10 in the morning.

We Go Up p.189

CONVERSATION

W1 How was the fan meeting? Aren't they so cool when you see them in person?

W2 Yes, they exuded tremendous charisma from the moment they appeared.

W1 Oh, you must have been so excited.

W2 For sure, let's go together next time.

W1 Yeah, I'm definitely going next time no matter what happens.

M1 Here's a present for you. Try putting it on.

W1 It's so beautiful. It's really sparkling. But why a ring all of the sudden?

M1 Today is the 1000th day since we started dating.

W1 Really? I wasn't thinking at all. You really have a talent for surprising me like this sometimes.

화사 (HWASA)

Orbit p.199

CONVERSATION

W1 Did your eye surgery go well?

M1 The surgery went well, but I can't see yet, so it's frustrating and distressing.

W1 How long will you be unable to see?

M1 They said I have to wait three more days.

M1 When I first left my hometown and started living alone, I felt really lonely. I missed my parents a lot.

W1 It isn't hard anymore? How did you overcome it?

M1　As I started making friends in the
　　　neighborhood, it got better and better.

W1　I was afraid of living alone, but your story
　　　helps me a lot. Thanks for sharing.

마리아　　　　　　　　　p.207

CONVERSATION

M1　What about going exercising together?

M2　For what do you do to exercise hard?
　　　It's best to watch TV at home on the
　　　weekends.

M1　You have to exercise to be healthy. This is
　　　all for you

M2　All right. Don't bother me, just go alone.
　　　I just want to rest on the weekend.

W1　You are going on another trip? If you
　　　travel so often, when do you save
　　　money?

W2　I don't want to live my life struggling too
　　　much. I want to live enjoying life.

W1　If you don't prepare in advance now, you
　　　may live a sad life for your old age.

W2　For me, the happiness of the present is
　　　more important than that of the future.

블랙핑크

가수 소개

2016년에 데뷔한 블랙핑크는 맏언니이며, 리드 보컬을 맡고 있는 지수, 메인 래퍼이자 리드 보컬인 제니, 메인 보컬인 로제, 메인 댄서이자 리드 래퍼인 리사 4명으로 구성되어 있다. 데뷔 때부터 실력파 아이돌의 이미지가 강했으며, 시간이 갈수록 멤버들은 자신이 담당하고 있는 분야에서 가히 독보적이라고 할 수 있는 역량을 보여 주고 있다. 2018년 공개된 '뚜두뚜두(DDU-DU DDU-DU)'의 뮤직비디오는 PSY의 '강남스타일'에 이어 역대 유튜브 K-Pop 뮤직비디오 조회 수 2위에 올라 있으며, 셀레나 고메즈가 피처링한 '아이스크림(Ice Cream)'으로 '빌보드 핫100' 차트 13위까지 올랐다. 그룹명 '블랙핑크'는 가장 예쁜 색으로 대표되는 '핑크'에 가장 어두운색인 '블랙'을 더해 '예쁘게만 보이지 않겠다'는 그룹의 정체성을 담았다.

마지막처럼   p.19

노래 소개

2017년 6월 22일 발매한 블랙핑크의 세 번째 싱글로 신나고 빠른 템포의 곡이다. 블랙핑크가 초창기 보여 주던 어둡고 그루브한 느낌에서 벗어나 그들만의 밝고 발랄한 매력을 처음으로 선보인 곡이다. 2017년 개봉한 영화 '저스티스 리그'의 삽입곡으로 쓰여 플래시와 브루스 웨인이 처음 만나는 장면에서 '마지막처럼'의 뮤직비디오가 나온다. 한국 개봉 당시 극장에서 영화 상영 도중 갑자기 한국 노래가 흘러나와 휴대폰을 켜 둔 줄 알고 착각하는 사람들이 여럿 있었다는 재미있는 일화가 있다.

THE BEST LINES OF THE SONG   p.22

'N처럼'은 두 대상의 성질이 서로 비슷하거나 같음을 나타내는 비유 표현으로 일상 대화에서도 많이 쓰이지만 노래 가사 등에도 자주 등장한다. 특히 K-Pop 가사를 잘 듣다 보면 '처음처럼', '마지막처럼', '나처럼', '너처럼' 같은 표현들이 자주 쓰이는 것을 들을 수 있다. 선행하는 말의 품사에 따라 'V-는 것처럼', 'A-(으)ㄴ 것처럼'으로 쓰이고, 'N+이다' 형식의 문장인 경우는 'N인 것처럼'으로 사용한다.

THE BEST LINES OF THE SONG   p.23

'뭐가 그리 A-아/어?'는 무엇 때문에 그런 기분이 드는지를 질문하거나 다소 화가 난 상태에서 상대방에게 핀잔을 줄 때 사용한다. 예를 들어 다른 사람들이 재미있게 얘기하고 있는 상황에서 "뭐가 그리 재미있어?"라고 물어본다면 지금 재미있는 일이 무엇인지를 정말 궁금해서 물어보는 것이지만 길에서 넘어진 나를 보고 친구가 웃고 있을 때 "뭐가 그리 재미있어?"라고 말한다면 현재의 상황이 재미있는 상황이 아니니 웃지 말라고 핀잔을 주는 의미로 한 말이 된다.

VOCABULARY

얼굴이 뜨겁다

• '얼굴이 뜨겁다'를 어휘의 의미 그대로 사용한다면 감기 등으로 인해 얼굴에 열이 난다는 의미로 사용할 수 있다.

• 이 표현을 관용적으로 사용하게 되면 다른 사람을 보기에 매우 부끄럽다는 뜻이다.

가슴이 뛰다

• 심하게 운동을 하거나 흥분했을 때 가슴이 빠르게 움직이는데 이런 경우 동사 '뛰다'를 사용하여 '가슴이 뛰다'라고 표현한다.

- 이 말을 관용적으로 사용하게 되면 어떤 일을 하기 전에 기대 등으로 인해 설레는 감정을 나타낸다. 이때 가슴이 뛰는 소리와 모양을 의미하는 '두근두근'이라는 말과 함께 사용하는 경우가 많다.

애가 타다 (= 애타다)

'애가 타다'는 매우 초조하면서 답답한 마음을 나타낸다. '애'는 '창자'를 나타내는 옛말인데 너무 초조하고 답답하여 창자가 불에 타는 것 같은 기분임을 표현하는 말이다. '애가 타다'의 사동 표현은 '애를 태우다'이며 두 표현 모두 '애타다', '애태우다'와 같이 한 단어로 사용할 수 있다.

CULTURAL EXPRESSION   p.26

'어이없다'는 벌어진 일이 너무 황당하여 기가 막힌다는 의미로 일상적으로 많이 사용하는 표현이다. 2015년 개봉하여 큰 인기를 끌었던 한국 영화 "베테랑"에서 재벌 2세 역을 맡은 배우 유아인이 이 말의 유래를 설명하면서 '어이없네'라고 말하는 장면이 나온다. 그런데 이 대사를 하는 배우의 표정이나 억양이 너무 인상 깊어서 한때 예능 프로그램 등에서 그것을 따라 하는 것이 유행처럼 번지기도 하였다. 비슷한 표현으로는 '어처구니없다'라는 말이 있다.

Forever Young   p.27

노래 소개

이 곡은 2018년 6월 발매한 블랙핑크의 첫 미니 앨범(EP) 〈SQUARE UP〉의 수록곡 중 하나이다. 밝은 멜로디와 중독성 강한 후렴구가 인상적인 곡으로 앨범 타이틀곡인 '뚜두뚜두'와 함께 팬들의 사랑을 많이 받은 곡이다. '너와 함께라면 그 무엇도 두렵지 않아. 후회 없이 젊음을 불태우자.'라는 메시지를 담은 신나는 곡으로 청춘의 거침없는 사랑과 풋풋한 열정을 느낄 수 있다.

THE BEST LINES OF THE SONG   p.30

'V-(으)ㄴ 채(로)'는 앞의 행동이 완료된 상태를 유지하면서 뒤이어 다른 행동을 함께 할 때 쓰는 표현이다. 'V-(으)ㄴ 상태 그대로'와 같은 의미라고 할 수 있다. 앞의 행동을 한 후에 이어지는 행동이 실수나 자연스럽지 않은 행동, 특별한 상황일 때 많이 쓴다.

THE BEST LINES OF THE SONG   p.31

'N와/과 함께라면'은 그 대상과 함께 한다는 조건하에 뒤의 내용이 가능하다는 의미로 쓰인다. 혼자가 아닌 어떤 대상을 포함한다는 의미의 'N와/과 함께'와 어떤 사실을 가정하여 조건으로 삼는 'N(이)라면'을 합하여 만든 표현이다. 'N와/과 함께'에서 '함께' 대신에 '같이'를 쓰는 경우는 많이 있지만 뒤에 '-라면'과 함께 쓰는 경우에는 '같이라면'은 잘 쓰지 않고 '함께라면'을 더 선호하는 경향이 있다.

VOCABULARY

불꽃

- 타고 있는 불빛의 모양을 '불꽃'이라고 하는데 주로 크지 않은 크기의 불을 말한다. 돌이나 금속의 물체가 부딪칠 때 생기는 불빛이나 전기가 방전될 때 생기는 불빛 등을 말할 때에도 이 표현을 쓴다.
- 가장 많이 쓰는 표현은 '불꽃놀이'인데 야외 기념행사 때 화약류를 공중으로 쏘아 밤하늘을 아름답게 불꽃으로 장식하는 것을 말한다.

불을 지르다

- 이 표현의 본래 의미는 건물이나 물건 등에 일부러 불을 붙여서 불이 나게 만드는 것이다.
- '마음에', '가슴에' 등과 함께 쓰이는 경우에는 열정을 불러일으킨다는 의미로 쓰인다.

타오르다

- 불이 점점 거세게 타는 것을 의미한다. '활활'과 같은 표현과 함께 쓰면 그 느낌을 더 강하게 표현할 수 있다. 단풍이나 노을과 같은 빨간 빛이 진해질 때에도 쓸 수 있다.
- 질투, 분노, 열정과 같은 마음이 강해지거나 분위기가 고조될 때에도 이 표현을 쓴다.

나이를 먹었는데도 얼굴이 어려 보이는 사람이 있다. 이런 사람을 '동안'이라고 한다. 원래는 아이 같은 얼굴이라는 의미였는데 요즘은 나이에 비해 얼굴이 어려 보인다는 의미로 쓰인다. 한국에서는 잘 모르는 사이에서도 나이를 묻곤 하는데 그때 자기가 생각한 것보다 상대방의 나이가 많을 때 "동안이시네요."라고 칭찬을 하기도 한다.

나이를 먹었는데도 불구하고 하는 행동이 어린 사람에게는 '철이 없다'라고 얘기를 하고 그 사람을 '철부지'라고 부른다. '철부지'라는 말은 본래 옳고 그름을 분별할 줄 모르는 어린아이를 의미하는데 나이가 들었는데도 다른 사람에게 의존하거나 어른스럽지 못한 행동을 하는 사람에게도 어린아이 같다는 의미로 '철부지'라 한다. 과거 농경 사회에서는 계절에 맞게 농사를 짓는 것이 중요했는데 계절 즉, 철의 변화를 몰라 농사를 망치는 사람이라는 의미로 '철부지'를 사용했는데 상황 파악을 못하고 일을 벌이는 사람이라는 의미로 현대에서는 쓰이고 있다.

뚜두뚜두   p.35

노래 소개

'뚜두뚜두'는 2018년 6월 15일에 발매된 블랙핑크의 첫 미니 앨범(EP) 〈SQUARE UP〉의 타이틀 곡이다. 유튜브에서 가장 많이 재생된 K-Pop 뮤직비디오로 2021년 4월 기준 15억이 넘는 조회 수를 기록하고 있다. 많은 대중들에게 블랙핑크만이 가진 걸 크러시한 면모와 세련되면서도 독립적인 젊은 여성의 이미지를 각인시킨 노래이다. 제목인 '뚜두뚜두'는 총소리를 표현한 것인데 처음에 노래 제목을 본다면 어떻게 읽어야 할지 난감하겠지만 노래를 들어보면 금세 리듬에 맞춰 따라 부를 수 있게 될 것이다.

The Best Lines of the Song ①   p.38

'착각하지 마'는 사실을 잘못 알았거나 혼동하였을 때 사용하는 동사 '착각하다'에 어떤 행위를 금지할 것을 요구하거나 명령할 때 사용하는 'V-지 말다'가 결합한 표현으로 '오해하지 마'나 '그렇게 생각하지 마' 등의 의미로 쓰인다. 또한 상대방에서 스스로를 과대평가하지 말라고 충고하는 의미로도 자주 쓰인다.

The Best Lines of the Song ②   p.39

'뻔하다'는 어떤 상황에 대해서 확신을 가지고 추측할 때 사용하며 일반적으로 'A/V-(으)ㄹ 게 뻔하다'의 형태로 사용된다. 또한 관용적인 표현에서도 많이 쓰이는데 '안 봐도 뻔하다'는 보지 않아도 알 수 있을 정도로 확실하다는 의미이며 '불 보듯이 뻔하다'는 눈앞에 있는 불을 보는 것처럼 명확한 일을 나타낼 때 사용한다.

Vocabulary

칼로 물 베기

• 칼로 물을 벨 수 없다는 것은 모두가 다 아는 사실이다. 칼로 물을 잠시 베어도 물은 금방 다시 원래의 상태로 돌아오기 때문이다. 이처럼 다른 사람과 다투었다가 금방 원래의 상태로 돌아와 다시 사이가 좋아지는 것을 두고 '칼로 물 베기'라고 한다.

물 만난 (물)고기

물 밖에 있는 물고기는 얼마 지나지 않아 숨을 쉴 수 없게 되지만, 다시 물을 만난다면 숨을 쉬며 움직일 수 있게 된다. 이처럼 '물 만난 (물)고기'는 자신에게 잘 맞지 않는 상황에서 벗어나 자유롭게 자신을 표현하고 뽐낼 상황이 되었음을 비유적으로 표현할 때 사용한다.

눈이 높다

'눈이 높다'는 대상의 좋고 나쁨을 판단하는 기준이 보통 이상이란 의미로 뭔가를 선택할 때 좋은 것만 찾으려고 하는 사람을 가리켜 말할 때 사용한다. 일반적으로 연애나 결혼 상대를 선택하는 기준이 높다는 의미로 가장 많이 사용한다. 노래 가사 중에 '눈높인 꼭대기'라는 부분이 나오는데 눈이 너무 높아서 산꼭대기에 있는 정도로 이성을 보는 기준이 굉장히 높다는 의미이다.

CULTURAL EXPRESSION p.42

한국에서 생활하기 위해 정말 필요한 것이 하나 있는데 그것은 바로 '눈치'이다. '눈치'는 다른 사람이 자신의 마음이나 기분을 직접 말하지 않아도 분위기를 통해 그 사람의 기분이나 원하는 것 등을 알아내는 것이다. 이렇게 다른 사람의 기분이나 상황에 신경 쓰는 것을 '눈치를 보다(살피다)'라고 하고 다른 사람의 기분이나 상황을 살펴야 하는 상황일 때는 '눈치가 보이다'라고 한다. 또한 이러한 감각이 뛰어난 사람을 표현할 때 '눈치가 있다(빠르다)', 반대의 경우는 '눈치가 없다(느리다)'라고 말한다.

Kill This Love p.43

노래 소개

이 곡은 2019년에 나온 미니 앨범(EP)의 타이틀곡으로 곡 시작과 함께 울려퍼지는 강렬한 리드 브라스와 드럼 사운드가 인상 깊은 곡이다. 리드 브라스와 드럼 사운드 때문인지 마치 행진곡 같은 인상을 주기도 하며 실제로 뮤직비디오 마지막 부분에서는 고적대와 함께 나와 군무를 추기도 한다. 거짓된 사랑은 죽여 버리자는 강렬한 가사에서 블랙핑크만의 걸 크러시 매력이 폭발한다.

THE BEST LINES OF THE SONG ❶ p.46

'어떡해?'는 '어떻게 해?'의 줄임말이다. 곤란한 상황에 빠져 해결 방법이 없을 때 다른 사람에게 조언을 구하거나 혼자 자신의 신세를 한탄하는 듯한 느낌으로 사용한다. 이 말을 할 때는 앞이나 뒤에서 자신이 처한 곤란한 상황을 덧붙이기도 한다. 좀 더 직접적으로 다른 사람의 조언을 구할 때는 '어떡하면 좋겠니?', '어떡하면 좋겠어?' 등의 의문문을 만들어 질문하면 된다.

THE BEST LINES OF THE SONG ❷ p.47

'V-(으)ㄹ 수 없다'는 어떤 일을 할 수 없거나 아니면 그것이 불가능한 상태임을 나타내는데 강조하여 말할 때 조사 '가'를 덧붙여 'V-(으)ㄹ 수가 없어' 등으

로 말하기도 한다. '견디다'는 어렵거나 힘든 상황을 버틴다는 의미로 주로 아픔, 슬픔, 힘든 일, 어려운 상황을 나타내는 명사를 목적어로 취한다. 노래 후렴구에 반복되는 '견딜 수 없어'는 너무 화가 나거나 힘들어서 현재의 상황을 더 이상 참을 수 없는 상황임을 의미한다.

VOCABULARY

얼어 죽다

- '얼어 죽다'는 문자 그대로 해석한다면 너무 추워서 죽게 된다는 의미이다.

- 이 표현을 관용적으로 사용한다면 자신이 생각하기에 상대방이 전혀 이치에 맞지 않는 얘기를 하고 있을 때 그 대상을 비하하거나 낮춰 말할 때 사용하게 된다. 일반적으로 '얼어 죽을' 뒤에 명사가 오는 형태로 사용한다.

뻔하디 뻔하다

'뻔하다'라는 표현을 더욱 강조해서 말할 때 쓰는 말로 이전의 경험들로 미루어 보아 미리 예상할 수 있는 미래의 상황, 일 등을 말할 때 쓰인다. 일반적으로 '뻔하디 뻔한' 뒤에 명사가 오는 형태로 사용한다.

벼랑 끝에 매달리다

더이상 물러날 곳이 없이 최후에 상황에 처해 있음을 의미한다.

CULTURAL EXPRESSION p.50

한국어에는 색깔을 사용하여 정도를 나타내는 표현들이 있다. 이때 '새'라는 접두사가 형용사 앞에 붙어 좀 더 짙고 선명하다는 뜻을 강조하기도 한다. 그 중 대표적인 것이 '새빨간 거짓말'인데 조금의 진실도 없는 완전한 거짓말을 말한다. 노래 가사에는 '새빨간 설렘'이라는 표현이 나오지만 실제로 사용하지 않는 표현이다. 그러나 뒤에 나오는 '결국에 거짓말 we lie'라는 말과 함께 설레는 마음 역시 완전히 거짓이었다는 것을 표현하기 위해 '새빨간 설렘'이란 표현을 사용한 것으로 보인다. 이외에 접두사 '새'와 색깔 표현이 결합된 표현으로 아주 젊거나 어림을

표현하는 말인 '새파랗게 젊다'와 너무 기분이 안 좋거나 속상한 상태임을 표현하는 '속이 새까맣게 타다' 등이 있다.

How You Like That
p.51

노래 소개

'How You Like That'의 뮤직비디오는 2020년 6월 26일 공개된 후 24시간 동안 8,630만의 조회수를 기록해 '24시간 동안 가장 많이 본 유튜브 영상'으로 기록을 세우며 기네스에 등재되었다. 또한 NBC 간판 토크쇼인 '더 투나잇 쇼'에서 한복을 입고 첫 컴백 무대를 가져 많은 주목을 받았다.

THE BEST LINES OF THE SONG
p.54

'V₁-(으)며 V₂'는 앞의 행위를 하면서 동시에 뒤의 행위를 함을 나타낸다. 노래에서는 '네 두 눈을 보며 I will kiss you goodbye'와 같이 한국어와 영어가 섞여 한 문장을 이루고 있는데 만약 이 문장을 한국어로만 쓴다면 '네 두 눈을 보며 너에게 이별의 키스를 해 줄게'로 쓸 수 있을 것이다. *'V-(으)며'와 같은 의미로 'V-(으)면서'라는 표현도 많이 사용하는데 'V-(으)며'는 글쓰기에서 많이 사용되는 반면 'V-(으)면서'는 말할 때 많이 사용한다.

THE BEST LINES OF THE SONG
p.55

'실컷'은 원하는 만큼의 양을 나타내는 부사이다. 명령형 문장에 쓰이는 경우 원하는 만큼 어떤 일을 해 보라는 의미를 가지는데 경우에 따라 이제 충분하니까 그만하라는 반어적 의미를 담기도 한다. 한국어에서 명령형을 만드는 어미로는 'V-아/어, V-아라/어라, V-(으)세요, V-(으)십시오' 등이 있다.

VOCABULARY

몫
- '몫'은 큰 수를 작은 수로 나눈 값을 말한다.
- 다른 의미로는 전체를 여러 부분으로 나누었을 때 한 명에게 주어지는 부분이나 어떤 금액을 의미하게 되는데 그것은 좋은 일에 대한 결과물일 수도 있고 맡아서 해야 하는 책임일 수도 있다.

꼴
- '꼴'은 사물의 모양이나 형태를 의미하는 말이다.
- 또한 어떤 사람이나 일의 좋지 않은 모습이나 상태를 부정적으로 나타낼 때도 사용하는데 '꼴좋다'는 잘난 척하던 사람이 어떤 일에 실패하거나 안 된 모양을 비꼬아 말할 때 쓰는 표현이다.

CULTURAL EXPRESSION
p.58

조선 시대 귀족 계층인 양반들은 '체면'을 중요시했다. '체면'은 원래 '남을 대하기에 부끄럽지 않은 모습'이라는 의미가 있지만 점차 그 의미가 변질되어서 가진 것이 없더라도 충분한 것을 가진 것처럼 보여야 하는 모습을 의미하게 되었다. 즉 사람들이 자신의 본모습보다 다른 사람에게 보이는 모습을 더 중요하게 생각하게 된 것이다. '여봐란듯이'는 이러한 체면을 중시하는 태도에서 기인한 말인데 '여기를 보라고 말하는 것처럼'이란 의미로 잘된 일을 다른 사람에게 자랑하듯 말하는 태도를 나타낼 때 쓰인다. 그런데 일반적으로 이 말은 '보란 듯이'라고 쓰이는데 '보란 듯이 성공했다'와 같이 긍정적인 결과를 말할 때 주로 사용하지만 '보란 듯이 무너졌어'와 같이 누가 봐도 명백히 실패한 결과를 강조하여 말할 때도 사용하기도 한다.

스트레이 키즈 (STRAY KIDS)

가수 소개

2018년 3월에 데뷔한 8인조 보이 그룹으로 JYP엔터테인먼트 소속이다. 트와이스가 Mnet의 서바이벌 프로그램 『SIXTEEN』을 통해 결성된 것처럼 스트레이 키즈도 2017년에 『스트레이 키즈』라는 동명의 서바이벌 프로그램을 통해 팀이 결성되었다. 기존의 서바이벌 프로그램과 다른 점이 있다면 연습생들이 전원 데뷔를 목표로 스스로 팀의 음악적 정체성과 세계관을 완성해가는 프로그램이었다는 것이다. '스트레이 키즈 (Stray Kids)'는 '집 나온 아이들'이라는 뜻으로, 틀에 얽매이지 않고 자유분방한 매력과 차별화되는 개성을 표출하고자 하는 정체성을 담았다. 멤버는 방찬, 리노, 창빈, 현진, 한, 필릭스, 승민, 아이엔이다.

神(신)메뉴 p.61

노래 소개

2020년 6월 발매한 스트레이 키즈의 첫 번째 정규 앨범 〈GO生〉의 타이틀 곡이다. '神(신)메뉴'는 새로운 노래라는 의미와 신이 내린 노래라는 중의적 의미를 담고 있는 곡이다. 강렬한 힙한 사운드에 다양한 악기를 더한 곡으로 독특하고 중독성이 있는 비트와 '두 두 두', '탕 탕 탕'과 같은 의성어가 귀에 쏙쏙 박히는 것이 특징이다. '神(신)메뉴'의 뮤직비디오는 유튜브 3억이라는 조회 수 기록을 가지고 있는 곡으로, 영상에서 스트레이 키즈의 강렬한 퍼포먼스와 실험 정신을 엿볼 수 있다.

THE BEST LINES OF THE SONG p.64

'V-아/어 가다'는 지금부터 미래까지 어떤 행동이나 상태가 계속 진행되는 것을 강조하여 말할 때 사용한다. 미래를 나타내는 '-(으)ㄹ 것이다'나 '-겠-'뿐만 아니라 '-(으)세요', '-(으)ㅂ시다' 등과도 같이 사용할 수 있다. *또한 '거의', '다'와 같은 부사와 함께 현재형으로 쓰면 어떤 행동이나 상황이 거의 다 끝나감을 나타낸다.

THE BEST LINES OF THE SONG p.65

'N 거'는 소유자의 이름이나 인칭 대명사 뒤에 사물을 나타내는 의존 명사 '거'를 붙여 대상의 소유자가 누구인지를 나타내는 표현이다. 'N의 것'을 줄여 쓰는 구어적인 표현으로 '거'의 소리가 강하게 [꺼]로

강하게 발음되는 것에 주의해야 하며 '너의'를 줄여 쓰는 '네'는 '나의'를 줄여 쓰는 '내'와 발음이 똑같기 때문에 '네' 대신에 '니'로 발음하거나 쓸 때가 많다. 서술어 '이다'와 결합하여 사용할 수 있는데, '예요/이에요'를 붙여 'N 거예요.'로 말하거나 '(이)야'를 붙여 반말인 'N 거야'로 말할 수 있다.

신

'신'은 고유어로 '신발'이라는 의미를 갖지만 한 자어로 쓰일 때는 여러 다른 의미로 사용된다. 대표적으로 접두사로 쓰이는 '신(新)'은 '새롭다'라는 의미로 쓰이며 명사로 쓰이는 '신(神)'은 '초월적인 존재(God)'를 의미한다. 일반적으로 '신메뉴'는 '음식점의 새로운 메뉴'라는 의미로 쓰이는 말이지만 노래에서는 '신(新)'대신 '신(神)'을 사용하여 중의적인 의미를 표현했다.

탕

탕은 물을 넣어 끓여 만드는 음식으로 '국'과 비슷하다. '탕'은 일반적인 '국'에 비해 오래 끓여 국물을 진하게 우려내는 것이 특징인데 이런 방식으로 만든 음식에는 갈비탕, 삼계탕 등과 같이 음식 이름 뒤에 '탕'이 붙는다. 목욕을 하기 위해 물을 받아 놓은 시설이라는 의미로 '목욕탕'과 같이 쓰이기도 하는데, 따뜻한 물을 받아 놓은 '온탕', 찬물을 받아 놓은 '냉탕' 등도 많이 쓰인다. 다른 의미로 '탕'은 단단한 물건이 세게 부딪쳐 울리는 소리나 총을 쏘는 소리를 표현할 때 쓰기도 한다.

CULTURAL EXPRESSION p.68

- 참새가 곡식이 많이 떨어져 있는 방앗간을 그냥 지나가지 못하는 것처럼 욕심이 많은 사람이 이익을 보고 가만있지 못한다는 말로 참새는 작지만 어리석고 욕심이 많은 존재라는 인식이 있다.

- "까마귀 날자 배 떨어진다."라는 속담은 배나무에 앉아 있던 까마귀가 날아오른 것과 배가 떨어진 두 사건은 아무런 관계가 없는 일이지만 사람들이 괜히 까마귀를 의심한다는 뜻으로 까마귀는

이렇게 괜한 일에도 의심을 받게 되는 부정적인 인식의 대상이다.

- 뱁새는 한국에서 흔히 볼 수 있는 몸집이 작은 텃새로 몸 전체 길이가 13cm에 불과하고 다리가 매우 짧다. 반면 황새는 100cm가 넘는 큰 새로 부리와 다리가 매우 길다. 이 속담은 다리가 짧은 뱁새가 다리가 긴 황새를 따라가다가는 다리가 찢어질 수 있다는 말로 분수에 맞지 않게 다른 사람을 따라 하면 스스로 큰 피해를 입을 수 있다는 의미를 가지고 있다.

소리꾼 p.69

노래 소개

2021년 8월에 발매된 정규 2집 앨범 〈NOEASY〉의 타이틀곡이다. 한국의 전통 음악인 판소리를 가미하여 강렬하고 힘 있는 노래를 선보였다. 노래의 영어 제목은 'Thunderous'로 노래 곳곳에서 천둥을 의미하는 가사와 화려한 사운드를 느낄 수 있다. 발매 2달 만에 유튜브에서 뮤직비디오 조회 수 1억이라는 기록을 세우고 빌보드 2021년 최고의 K-Pop 노래 부문 25선에 선정되는 등 큰 인기를 거두었다. 꼬투리를 잡고 잔소리를 하는 사람들에게 자기들만의 소리를 외치겠다는 당당함을 보여 주는 곡이다.

The best lines of the song p.72

'N이/가 너무 많다'는 양이 지나치게 많음을 나타낼 때 사용하는 말이다. 한국어에서는 양에 대해 말할 때 셀 수 있는 명사와 셀 수 없는 명사를 구분하지 않기 때문에 '많다'라는 형용사는 어떤 종류의 명사에나 다 사용할 수 있다.

The best lines of the song p.73

"날이면 날마다 오는 N이/가 아니다"는 흔하게 접할 수 있는 것이 아니라 특별한 기회라는 것을 강조할 때 쓰는 말로 '날이면 날마다'는 '매일매일의 모든 날'을 의미한다. '날이면 날마다' 뒤에는 '오다'의 활용형인 '오는'이 주로 쓰이지만 다른 동사나 '있다'를 써서 문장을 만들기도 한다. '날이면 날마다'만 쓰는 경우에는 '매우 자주'의 의미를 갖는다.

Cultural Expression p.76

- 판소리는 한국의 전통 음악 중 하나이다. 판소리를 하는 것을 '소리를 하다'라고 하는데 그래서 노래하는 사람을 '소리를 하는 사람'이라는 의미의 '소리꾼'이라고 한다. 판소리는 노래를 하는 소리꾼과 북을 치는 고수가 함께 만들어 간다. 소리꾼은 단순히 노래만 부르는 것은 아니고 중간중간에 몸짓과 대사를 하며 연기를 하기도 한다. 소리꾼은 장단에 맞춰 노래하듯 말하듯 공연을 하기도 하는데 랩과 유사한 부분이 있어 한국의 뮤지션들이 이 부분을 노래에 활용하기도 한다. 고수는 북을 치면서 장단을 맞춰 분위기를 띄우는

역할을 한다. 이때 고수가 공연에 흥이 올랐음을 표현하기 위해 '좋다, 얼쑤, 지화자' 등의 말을 하곤 하는데 이러한 말을 추임새라고 한다.

- 한국에서는 축제나 잔치가 열리면 전통 악기를 연주하며 흥을 돋우는 공연단을 만나볼 수 있는데 이들의 음악을 '풍물놀이'라고 한다. 최근에는 앉아서 4가지의 악기를 연주하는 '사물놀이'가 좀 더 보편적으로 알려져 있다. 사물놀이의 4가지 악기는 북, 장구, 꽹과리, 징인데 북은 구름, 장구는 비, 꽹과리는 천둥, 징은 바람을 의미한다. 스트레이키즈의 노래 '소리꾼'에 구름과 바람, 천둥 등이 등장하는 이유를 여기에서 가늠해 볼 수 있겠다.

트와이스

가수 소개

트와이스는 2015년 Mnet에서 방영된 『SIXTEEN』이란 서바이벌이란 프로그램을 통해 결성되었다. 한국인 멤버 5명(나연, 정연, 지효, 다현, 채영)과 일본인 멤버 3명(모모, 사나, 미나) 그리고 대만 출신 쯔위까지 총 9명의 멤버로 구성되어 있으며 그룹명인 트와이스는 눈으로 한 번, 귀로 한 번 감동을 준다는 의미이다. 프로그램이 끝나고 같은 해 10월 'OOH-AHH하게'라는 곡으로 데뷔하였는데 데뷔곡부터 대중들의 큰 반응을 불러일으키며 '원더걸스'와 'MissA'를 이을 JYP의 초대형 걸 그룹의 탄생을 알렸다. 유튜브에 공개하는 모든 뮤직비디오가 조회 수 1억을 넘어 전 세계 걸 그룹 중 조회 수 1억이 넘는 뮤직비디오를 가장 많이 보유한 걸 그룹이기도 하다.

Cheer Up p.79

노래 소개

〈PAGE TWO〉 앨범의 타이틀곡으로 2016년 4월 25일 발매됐다. 각종 음원 차트에서 1위를 차지하며 2016년 중 가장 뛰어난 싱글 앨범으로 뽑혔으며 한국에서 가장 큰 두 개의 주요 음악 시상식인 멜론 뮤직 어워드, 엠넷 아시안 뮤직 어워드에서 '올해의 노래' 상을 수상하였다. 노래 제목인 'Cheer up'은 다른 사람을 응원할 때 사용하는 영어 표현인데 과거에 많은 한국 사람들이 이 말의 영어 표현을 '파이팅(Fighting)'으로 잘못 알고 사용하는 경우가 많았으며 지금도 응원할 때 가장 많이 사용하는 표현이다.

THE BEST LINES OF THE SONG p.82

'V-(으)면 안 돼'는 특정한 행위를 하지 못하도록 할 때 사용한다. 비슷한 표현으로 'V-지 마'가 있는데 'V-지 마'가 굉장히 직접적이고 단호하게 어떠한 행동을 하지 못하도록 명령하는 느낌이라면 'V-(으)면 안 돼'는 그에 비해 다소 완곡하게 지금 하려고 하는 행위가 금지된 행위임을 알려 주는 느낌이다.

THE BEST LINES OF THE SONG p.83

'V-긴 좀 그렇다'는 앞의 일을 하기가 곤란한 상황이라는 것을 설명할 때 사용한다. 상대방의 요구를 거절할 때도 많이 사용되는데 'V-긴 좀 그렇고'의 형태로 쓰면서 후행절에 차선책을 제시하기도 한다.

VOCABULARY

좀

- '좀'은 '조금'의 준말로 적은 양, 정도를 나타낼 때 쓰이는 말로 말할 때 [좀]이 아닌 [쫌]으로 발음할 때가 많고 조사 '만'을 붙여 '좀만'으로 사용하기도 한다.
- 그러나 '좀'은 부탁이나 명령을 할 때 특별한 의미 없이 말의 앞이나 중간에 넣어 사용되기도 한다.

더

- '더'는 부사로서 계속하거나 양을 추가해 말하거나 어떤 기준보다 정도가 심하다는 것을 비교하여 말할 때 많이 사용된다.
- 두 대상을 비교하여 말할 때는 조사 '보다'와 함께 쓰인다.

자꾸, 자주

- '자꾸'와 '자주'는 어떤 일을 반복해서 하는 것을 나타내는 말로 '자주'는 단순히 행위나 사건의 반복성만을 나타낸다.

- 그러나 '자꾸'는 반복해서 일어나는 사건이나 행위가 비정상적이라고 느낄 때 사용하기 때문에 부정적인 어감을 준다.

CULTURAL EXPRESSION   p.86

한국어의 표준어는 서울 지역에서 사용하는 말을 기준으로 정하고 있으나 표준어가 아닌 서울 지역의 사투리가 존재하기도 한다. 그중 대표적인 것 중의 하나가 연결 어미 '-고'를 [구]로 발음하는 것인데 예를 들어 '오전에 친구 만나고 오후에 공부했어.'와 같이 연결 어미 '-고'가 사용되는 말을 할 때, 만나고를 [만나구]로 발음하는 것이다. 그런데 이 [구]로 끝나는 발음이 [고]로 끝나는 발음보다 귀엽게 들려 '애교(Aegyo)'를 부리며 말하는 것처럼 느껴지는 경우가 많다. '애교'란 남에게 귀엽게 보이려는 태도 등을 말하는데 말할 때 '싫어요╲╱╲'와 같이 말의 끝부분을 길게 늘리면서 음의 높낮이에 변화를 주거나 '어디양?', '집이얌.'과 같이 말의 마지막 모음 아래 비음 'ㅇ, ㅁ' 등을 첨가하여 말하면 애교 부리는 말투로 들린다.

TT   p.87

노래 소개

〈TWICEcoaster : LANE 1〉 앨범의 타이틀곡으로 2016년 10월 24일 공개되었다. 유튜브에 업로드된 트와이스의 뮤직비디오 중 조회 수 순위에서 부동의 1위를 지키고 있다. 우는 모양을 형상화한 이모티콘 "TT"를 통해서 많은 외국인들이 한국식 이모티콘에 대해서 알게 되었으며 손가락으로 우는 모양을 표현하는 안무도 큰 인기를 끌었다.

THE BEST LINES OF THE SONG 1   p.90

'너무해'는 어떤 행위의 정도가 심함을 나타내는 말인데 'V-고'와 결합해 'V-고 너무해'의 형태로 쓰게 되면 앞에서 나온 상대방의 행위에 대한 서운함을 나타내는 표현이 된다. 비슷한 의미로 *'V-다니 너무해'라는 표현을 사용하기도 하는데 'V-고 너무해'보다 상대방의 행위에 대한 놀라움과 서운함이 더 큰 경우에 사용한다.

THE BEST LINES OF THE SONG 2   p.91

'A/V-(으)ㄹ 것 같아'는 일반적으로 미래에 일어날 일에 대해 추측하는 표현이지만 이 노래에서는 주로 감정을 나타내는 말들과 결합하여 자신의 기분을 표현하기 위해서 사용되었다. '눈물 날 것 같아'는 후렴구의 영어 가사 'I'm like TT'와 대응하는 한국어 가사라고 할 수 있다. '같아'의 경우 원칙적으로는 '[가타]'로 발음하는 것이 맞지만 '같애[가태]'로 발음하는 사람들도 많다.

CULTURAL EXPRESSION   p.94

디지털 문자의 사용이 보편화되면서 문자나 기호를 통해 감정을 전달하는 이모티콘의 사용도 일상적인 일이 되었는데 이런 이모티콘의 사용은 나라나 지역마다 다소 차이를 보인다. 대표적인 차이로 서양식 이모티콘은 주로 세로 형태로 만들어지고 입 표정을 중심으로 만들어졌다는 특징이 있으나(예: :) :(:-D) 한국은 가로 형태에 눈 표정을 중심으로 만들어졌다는 특징이 있다.(예: ^^ T.T -_-)

- 웃는 모양을 나타내는 것으로 기본적으로 'ᄉ'로 눈 모양을 만들어 주고 여러 문자나 캐릭터를 활용하여 입 모양을 추가할 수도 있다.
- 우는 모양을 나타내는 것으로 기본적으로 한글 자판 'ㅜ'나 'ㅠ' 자판을 사용하는데 알파벳 'T' 대문자를 활용해서 만들기도 한다. 트와이스의 노래가 큰 히트를 치면서 'TT(티티)'가 우는 모양 이모티콘의 대명사처럼 되었으나 한글 자판의 'ㅜㅜ(우우)'나 'ㅠㅠ(유유)'를 쓰는 사람들도 여전히 많다.
- 무표정이나 당황한 표정, 놀라는 표정 등을 나타내는 이모티콘도 많이 사용되는데 무표정한 눈이나 입을 나타낼 때는 '-' 표시가 많이 사용되며 땀을 흘리는 모양으로 ';' 표시도 많이 사용된다. 또한 눈을 질끈 감은 모양으로 ').('표시 등을 사용한다.

What is Love   p.95

노래 소개

트와이스의 5번째 미니 앨범 〈What is love?〉의 같은 이름의 타이틀 곡으로 책이나 영화, 드라마로 사랑을 배운 호기심 많은 소녀의 사랑에 대한 상상을 다룬 곡이다. 한국에서 큰 히트를 거두었던 영화들을 패러디한 뮤직비디오가 인상적이다. "프린세스 다이어리(2001), 사랑과 영혼(1990), 라붐(1980), 로미오와 줄리엣(1996), 펄프픽션(1994), 러브레터(1995), 라라랜드(2016), 레옹(1994)"의 주옥 같은 명장면들이 트와이스만의 버전으로 재탄생 되었다. 뮤직비디오를 보고 패러디한 영화의 원작 장면을 찾아보는 것도 뮤직비디오를 보는 재미를 한층 더해 줄 것이다.

THE BEST LINES OF THE SONG ❶   p.98

'A-다는데'는 다른 사람에게 들은 얘기를 토대로 자신의 의견을 이야기하거나 그것이 사실인지를 확인할 때 사용한다. 후행절에는 '진짜야?', '사실일까?' 등과 같이 진위 여부를 확인하는 말들이 이어지는 경우가 많은데 이러한 말들은 쉽게 생략되기도 한다. 품사에 따라 'V-ㄴ/는다는데', 'N(이)라는데'와 같이 쓴다.

THE BEST LINES OF THE SONG ❷   p.99

'N(이)ㄴ지 알다/모르다/궁금하다'는 어떤 사실이나 명제에 대해서 자신이 아는지 모르는지를 밝혀 말하거나 상대방에게 물어볼 때 사용한다. 품사에 따라서 'A-(으)ㄴ지', 'V-는지'와 같이 바꾸어 쓰며 '언제, 어디, 누구, 무엇, 어떻게, 왜' 등과 함께 사용할 때가 많다. 노래에서 나오는 '사랑이 어떤 느낌인지 I wanna know'를 한국어로만 써 본다면 '사랑이 어떤 느낌인지 알고 싶어'가 된다.

VOCABULARY

설레다
- 마음이 가라앉지 않고 들떠 있는 기분을 표현하는 말이다. '설레다'가 맞는 표현이지만 '설레이다'로 잘못 쓰는 한국 사람들이 많다.
- 또한 '설레다'의 명사형인 '설렘' 역시 '설레임'으로 잘못 쓰는 경우가 많은데 이 노래에서도 '설렘'을 '설레임'으로 잘못 쓰고 있다.

두근두근
- '두근두근'은 매우 놀라거나 불안해서 가슴이 뛰는 소리나 그 모양을 표현하는 부사이다.
- 뭔가 좋은 일을 기대하거나 설레어서 가슴이 뛸 때도 이 표현을 사용할 수 있다. 서술어로는 '뛰다'를 붙여 사용하거나 '-하다', '-거리다'를 붙여 '두근두근하다', '두근거리다'와 같이 사용한다.

가슴이 터질 것 같다

- 심장이 몹시 빠르게 뛰는 상태로 너무 좋아하는 일을 하거나 흥분 상태가 극도로 높은 상태임을 표현하는 말이다.
- 운동 등으로 인해서 심장이 빨리 뛸 때도 이 말을 사용할 수 있다.

Cultural Expression   p.102

한국어에서 어떠한 정도가 심함을 과장되게 표현할 때 많이 쓰는 말이 바로 '죽다'와 '미치다'이다. 일부 나라에서는 일상적인 상황에서 '죽다'나 '미치다'와 같은 극한 표현을 사용하기를 꺼린다고 하나 한국에서는 이런 어휘를 사용하는 것에 대해서 큰 거부감을 느끼지 않고 오히려 상황을 극적으로 표현하기 위해 즐겨 쓰는 편이라고 할 수 있겠다.

아이유 (IU)

가수 소개

2008년에 만 15세의 나이로 데뷔한 아이유는 2010년 '잔소리'와 '좋은 날' 등의 노래가 인기를 얻으면서 국민 여동생의 칭호를 얻게 되었고 그 이후로 대한민국 대중음악계에서 독보적인 여자 솔로 가수로 활동 중이다. 2013년을 기점으로 앨범 프로듀싱과 작사를 직접 하면서 아티스트로서의 면모를 보여 주기 시작했다. 아이유의 앨범에는 나이와 연관된 곡들이 많은데 2015년에 발매한 미니 4집 〈챗셔〉의 타이틀곡인 '스물셋', 2017년에 발매한 정규 4집 〈팔레트〉의 타이틀곡인 '팔레트', 2020년에 발매한 디지털 싱글 '에잇'은 아이유의 23세, 25세, 28세에 대한 노래이다. 앨범의 곡들을 들으면서 나이에 따라 변해 가는 아이유의 생각을 살펴보는 것도 음악을 듣는 재미 요소 중 하나가 될 것이다.

밤편지   p.105

노래 소개

아이유는 2017년 발표한 4번째 앨범 〈Palette〉에서 이 곡을 가장 아끼는 곡으로 꼽았다. 잔잔한 기타 소리와 아이유의 속삭이는 듯한 목소리가 함께 어우러지며 감성을 자극하는 노래이다. 가을에 듣기 좋은 노래 중 하나로 많은 사람들에게 꾸준히 사랑 받고 있다

The best lines of the song   p.108

'어떻게 ~?'는 일어나기 힘든 일이 일어나서 그 사실에 대해 감탄하거나 후회 또는 비난할 때 쓰는 표현이다. '어떻게'는 문장의 맨 앞에 와도 되고 주어 뒤에 와도 된다. 의문문의 형식을 취하지만 답변을 요구하는 질문이 아니다. '어떻게 나에게 그대란 행운이 온 걸까?'는 '네가 나에게 어떤 방법으로 왔는지 궁금해.'가 아니라 '네가 나에게 오다니 이것은 행운이야.'라는 의미라고 보면 된다.

The best lines of the song   p.109

지금 이룰 수 없는 희망 사항을 이야기할 때 주로 '–다면 얼마나 좋을까?'와 같은 표현을 쓴다. 품사에 따라 'N(이)라면, A–다면, V–ㄴ/는다면'과 같이 쓴다. '지금 우리가 함께 있다면 얼마나 좋을까?'는 너와 내가 함께 있으면 좋겠다는 뜻으로 실제로는 함께할 수 없는 상황이라는 것을 의미한다.

Vocabulary

머물다

'머물다'는 '머무르다'의 준말로 주로 자신의 집이 아닌 곳에서 길지 않은 시간 동안 지낼 때 쓰는 표현이다. 혹은 이동하지 않거나 한 장소에 그대로 멈춰 있을 때에도 이 표현을 쓴다. '지내다'나 '있다'의 의미와 비슷하다.

적히다

'적히다'는 '쓰다(to write)'의 의미를 가진 '적다'의 피동사이다. '적혀 있다'와 같은 형태로 주로 쓰는데 기존에 써 놓은 문자나 숫자에 대해 표현

할 때 쓴다. 관형형으로 쓸 때는 '적혀 있는' 또는 '적힌'이라고 쓴다.

CULTURAL EXPRESSION   p.112

나라마다 문화에 따라 행운을 의미하는 상징적인 물건들이 다르다. 한국에서 행운을 의미하는 동물, 꽃, 물건에는 어떤 것이 있을까?

• 까치가 울면 반가운 손님이 온다는 말이 있다. 까치는 똑똑한 새이기 때문에 한 곳에 오랫동안 살면서 동네 사람들의 얼굴을 잘 안다고 한다. 그런데 모르는 사람이 동네에 나타나면 경계의 의미로 우는데 까치가 울고 나면 손님이 찾아오는 경우가 많아 사람들이 이렇게 믿게 되었다.

• 해바라기는 동서양을 막론하고 행운을 불러오는 꽃으로 알려져 있다. 한국에서는 해바라기 그림을 집에 걸어 놓으면 돈이 들어온다고 생각해서 해바라기 그림을 거실에 걸어 놓는 경우가 종종 있다.

• 복조리는 쌀에 섞인 돌을 걸러내는 도구이다. 음력 1월 1일 새벽에 복조리 장수들이 골목을 돌아다니며 복조리를 팔았다. 이것을 사서 벽에 걸어 놓으면 오래 살고 돈을 많이 번다고 생각하여 오랫동안 설날의 전통으로 이어져 왔는데 현재 이런 풍습은 많이 사라졌다. 하지만 장식용으로 복조리를 구입하는 경우는 많이 있다.

Blueming   p.113

노래 소개

이 노래의 제목인 'Blueming'은 우울함, 파란색을 의미하는 'blue'와 꽃을 피운다는 의미의 'blooming'을 합해 만든 단어이다. 과거에 파란색은 아이폰에서 내가 보내는 메시지의 색이었고 받는 메시지는 회색이었는데 뮤직비디오에서 이 파란색과 회색의 장미꽃을 서로 주고받는 장면을 넣어 핸드폰으로 서로 사랑의 메시지를 보내는 것을 은유적으로 표현했다. 좋아하는 사람에게 메시지를 보내는 사람의 심리를 잘 보여 주는 사랑 노래이다.

THE BEST LINES OF THE SONG ❶   p.116

'N(으)로'는 어떤 물건이나 수단을 이용한다는 의미를 가진다. 'N(으)로' 뒤에는 앞에 나온 물건이나 수단을 이용하여 하고자 하는 행동을 서술한다. '엄지손가락으로 장미꽃을 피워.'는 엄지손가락으로 휴대폰의 글자를 하나하나 선택해 사랑의 메시지를 보낸다는 의미의 은유적인 표현이다.

THE BEST LINES OF THE SONG ❷   p.117

'N(사람)에게 N(물건)을/를 보내다'는 물건을 상대방에게 직접 전달하지 않고 어떤 수단을 이용하여 대신 전달하게 할 때 쓰는 표현이다. 물건을 어딘가에 보낼 때 도달하는 지점이 사람이면 'N에게'를 쓰고 장소이면 'N에'를 쓴다. 'N에게'는 문어적이고 'N한테'가 구어적인 표현이라서 일상생활 속에서는 'N한테'를 더 많이 쓴다. 대상이 나이가 많거나 지위가 높은 사람이면 'N께'를 쓰는데 나이가 많더라도 가까운 사이라면 'N에게'나 'N한테'를 써도 된다.

VOCABULARY

피우다

• '피우다'는 '피다'의 사동사이다. '피우다'는 개화를 의미하는데 보통은 이 표현을 쓸 때 자동사를 써서 '꽃이 피다'로 많이 쓴다.

• 실제 꽃이 아닌 '이야기꽃', '웃음꽃' 등을 써서 문장을 만들기도 하는데, '이야기꽃을 피우다'는 즐거운 분위기 속에서 이야기를 많이 나눈다는 의미이다. '웃음꽃을 피우다'도 비슷한 의미인데 웃는 얼굴로 즐거운 시간을 보낸다는 의미이다.

취하다

• '취하다'는 술, 잠, 약, 향기 등으로 인해 정신이 흐려지는 것을 의미하는 동사이다. 'N에 취하다'와 같이 쓰는데 명사 없이 단독으로 '취하다'를 쓰는 경우에는 '술에 취하다'를 의미한다.

• '매료되다'의 의미로 분위기, 음악, 매력 등과 함께 쓰이는 경우도 있다.

CULTURAL EXPRESSION   p.120

손가락마다 이름이 다르고 각 손가락으로 하는 제스처와 의미도 다르다. 한국에서 자주 하는 손가락 제스처에는 어떤 것이 있을까?

- 엄지손가락을 드는 것은 '최고'를 의미한다. 보통 상대방을 칭찬하거나 응원하는 의미로 엄지손가락을 든다. 엄지손가락을 드는 모양을 '엄지 척'이라고 사람들이 많이 부른다.

- 한국에서는 사진을 찍을 때 손가락으로 V자를 만드는 경우가 많다. 학생들의 경우 눈 옆에 V자를 하고 사진을 찍는 경우도 많다.

- 엄지손가락과 집게손가락을 겹쳐 만든 작은 V자 모양을 '손가락 하트'라고 부른다. 처음에는 한국의 아이돌이 팬들에게 하는 팬 서비스 인사로 시작되었는데 점차 널리 쓰이게 되었고 지금은 한국뿐만이 아니라 여러 나라에서도 젊은 사람들 사이에서 유행을 하고 있다.

정거장   p.121

노래 소개

2021년 12월 29일에 아이유는 20대를 마감하며 스페셜 미니 앨범 〈조각집〉을 내놓았다. 20대의 사이사이에 써 놨던 곡들로 이루어진 이 앨범은 이전에 정식 발매되지는 않았지만 간간이 콘서트 등에서 팬들에게 들려줬던 곡들로 이루어져 있다. 〈정거장〉은 이 앨범의 수록곡 중 하나로, 아이유가 25살부터 쓰기 시작해서 26살에 완성한 곡이다. 가사와 멜로디를 동시에 떠올리며 만든 곡으로 1절을 쓴 후 잊고 지내다가 〈나의 아저씨〉라는 드라마에서 배역을 맡았던 인물 '지안'을 떠올리며 2절을 마무리했다고 한다.

THE BEST LINES OF THE SONG ❶   p.124

'V-게 될까?'는 상황의 변화를 나타내는 'V-게 되다'와 의문을 나타내는 'V-(으)ㄹ까?'가 결합된 표현으로 미래 상황에 대한 불확실성을 나타낸다. 불확

실한 상황에 대한 걱정을 혼잣말처럼 말할 때 유용한 표현이다. 노래에 나오는 '널 만나게 될까?'는 그녀가 그를 다시 만날 수 있을지에 대한 불안한 마음을 나타내고 있다.

THE BEST LINES OF THE SONG ❷   p.125

원래 'A/V-(으)ㄹ 줄 모르다'는 하는 방법을 모른다는 의미로 보통 쓰인다. 예를 들면 '운전할 줄 몰라요.'는 운전하는 방법을 하나도 모른다는 의미이다. 하지만 '떠날 줄 모르다'의 문장에서는 '-(으)ㄹ 줄 모르다'가 '-지 않는다'는 의미로 쓰여서, '떠나지 않는다'의 의미로 사용된다. 종결 어미 '-네'를 쓰면 주로 혼잣말에 쓰여 깨달은 바에 대한 감탄의 의미가 된다.

VOCABULARY

그리워하다

- 과거에 만났던 사람을 간절히 보고 싶어 하거나 과거의 경험 등을 다시 느끼고 싶어 하는 마음을 의미한다. 다른 사람이 과거의 누군가를 보고 싶어 할 때 쓰는 동사이다.

- 지금 이 순간 내가 누군가를 다시 보고 싶거나 과거를 떠올릴 때는 형용사 '그립다'를 쓴다.

- '나'의 경우라도 과거에 그리워했던 경험을 이야기하거나 오랜 시간 동안 그리움을 느껴온 경우에는 '그리워하다'를 쓸 수 있다.

그리다

- 연필이나 붓과 같은 도구를 써서 어떤 모양을 나타내는 것을 의미한다. 보통 '그림을 그리다'와 같이 쓴다.

- 과거를 회상하거나 미래의 모습을 상상할 때에도 쓴다. 머릿속에 그림을 그린다는 의미이다.

CULTURAL EXPRESSION   p.128

한국에서는 대중교통을 이용하는 사람들이 많아서 대중교통 시스템이 잘 발달되어 있을 뿐만 아니라

승객들을 배려한 여러 가지 세심한 서비스도 찾아볼 수 있다. 예를 들어 버스 정류장에 있는 전광판을 보면 지금 오는 버스에는 사람이 많이 타고 있는지 혹은 적게 타고 있는지 등을 알 수 있으며, 내가 기다리고 있는 버스가 몇 분 뒤에 오는지도 알려 주기 때문에 버스가 올 때 급하게 탈 준비를 하지 않아도 된다. 또한, 한국의 겨울은 유난히 바람이 세서 겨울에 버스를 기다리는 것은 매우 힘든 일이다. 버스 정류장에는 앉아서 버스를 기다릴 수 있는 의자가 있기는 하지만 의자에 앉으면 엉덩이가 차가워지기 때문에 보통 서서 기다리는 경우가 많다. 하지만 최근 일부 버스 정류장의 의자에는 열선이 들어가 있어서 버스를 기다리는 잠깐이지만 의자에 앉으면 엉덩이에 따뜻함을 느낄 수 있다. 이 방식은 한국의 집 바닥을 따뜻하게 만들어 주는 '온돌' 시스템을 버스 정류장 의자에도 적용한 것이다.

에스파 (aespa)

가수 소개

2020년 12월 17일 SM엔터테인먼트는 미래 비전을 담은 SMCU(SM Culture Universe)의 첫 번째 프로젝트로 걸 그룹 aespa(에스파)를 선보였다. 에스파는 한국 국적의 카리나와 윈터, 일본 국적의 지젤, 중국 국적의 닝닝 4인으로 구성된 다국적 걸그룹으로 각각의 멤버를 상징하는 엠블럼이 있는데 카리나는 하트, 지젤은 달, 윈터는 별, 닝닝은 나비이다. 그룹명 aespa는 avatar의 'a'와 experience의 'e'를 결합한 'ae(æ)'에 양면성을 뜻하는 aspect라는 영어 표현을 결합해 만든 이름이다. 에스파는 독특한 세계관을 토대로 활동하는데 '아이(ae)'로 명명된 멤버 각각의 아바타가 현실 속 멤버들과 소통하고 교류하면서 성장한다는 설정을 가지고 있다.

Next Level   p.131

노래 소개

'Next Level'은 에스파의 3번째 싱글로, 2021년 5월 17일 발매되었다. 이 곡은 힙합 댄스곡으로 에스파의 세계관 안에서 세상을 혼란에 빠뜨린 악마, 'Black Mamba'를 찾기 위해 광야로 떠나는 여정을 담고 있다. 데뷔 곡 'Black Mamba'와 이어 발표한 'Next Level'은 각종 음원 차트 1위를 차지하면서 에스파가 차세대 대표 걸 그룹으로 자리잡는데 큰 몫을 했다. 사실 이 곡은 영화 "분노의 질주 : 홉스&쇼"의 OST에 실린 같은 이름의 곡을 리메이크한 곡으로 한국어 가사의 일부는 영어 원곡의 발음과 비슷한 단어를 선택해서 원곡의 분위기와 느낌을 그대로 살렸다.

THE BEST LINES OF THE SONG   p.134

'V-지 말다'는 어떤 행위를 금지할 때 사용하는 표현이다. K-Pop 가사에 자주 등장하는 표현이며, 일상생활에서도 많이 사용되어 활용도가 높다. 이유를 말할 때 사용하는 표현 'A/V-(으)니까'나 추측이나 화자의 의지를 나타내는 'A/V-(으)ㄹ 테니까' 등과 같이 쓰일 때가 많다. 'V-지 말다'는 명령문과 청유문에서 사용되는데 반말로는 'V-지 마', 'V-지 말아', 'V-지 말아라' 등의 형태가 쓰이며 높임말로 쓰일 때는 'V-지 말아요', 'V-지 마세요', 'V-지 마십시오' 등의 형태로 쓰인다.

THE BEST LINES OF THE SONG   p.135

'절대 N 못 하다'는 언급한 일이 어떠한 경우에도 불가능한 일임을 나타내거나 화자가 그 일만은 반드시 하지 않겠다는 의지를 나타낼 때 사용한다. '용서, 이해, 허락' 등과 같이 '하다'와 결합하여 동사로 쓰이게 되는 명사만 사용이 가능하며 다른 동사를 사용하는 경우에는 *'절대 못 + V'의 형태로 사용하면 된다.

제치다

- '제치다'는 방해물을 처리하거나, 경쟁 상대보다 우위에 서는 것을 의미한다.

- '제치다'의 비표준어로 '제끼다'라는 말도 많이 사용되는데 이 말은 상대방의 우위에 선다는 의미 이외에도 원래 거쳐야 하는 단계나 해야 할 일을 건너뛴다는 의미를 나타내기도 한다.

지키다

- '지키다'는 국토, 재산, 이익, 권리 따위를 잃거나 침해당하지 않게 보호하거나 감시하여 막는다는 의미이다.

- 이 외에 '지키다'는 약속, 예의, 규칙, 법 등을 어기지 않고 그대로 따른다는 의미로 자주 사용되는 동사이다.

CULTURAL EXPRESSION   p.138

한국 사람들이 자주 사용하는 표현 중에 '내기할래?'라는 말이 있다. '내기'는 금품을 거는 등 일정한 약속을 한 후 승부에서 이긴 사람이 걸어 놓은 물품이나 돈을 차지하는 것으로 한국 사람들은 종종 사소한 일에도 내기를 걸어 승부를 가리곤 한다. 또한, 한국에서 인기 있는 TV 프로그램을 자세히 살펴보면 게임이나 경연을 통해서 승부를 가려 우승자를 뽑는 포맷이 많은데 이는 한국 사람들의 강한 승부욕을 잘 보여 주는 사례라고 할 수 있겠다. 한국 사람의 이런 경쟁심과 승부욕은 한국의 빠른 발전의 원동력이 되었다는 평가도 있지만 경쟁적인 사회 분위기로 인해 스트레스를 받는 사람이 많다는 것이 한국 사회의 큰 문제로 꼽히기도 한다.

자각몽 (Lucid Dream)   p.139

노래 소개

'자각몽(Lucid Dream)'이란 꿈을 꾸는 도중에 스스로 꿈이라는 사실을 인지하게 되는 꿈을 뜻한다. 최

면 상태와 유사한 상태라 최면가들 사이에서는 최면적 꿈이라는 이름으로 불리기도 한다. 이런 '자각몽'은 많은 K-Pop 아티스트들에게도 매력적인 소재로 다가왔는지 에스파 이외에도 많은 그룹들이 동명의 곡을 가지고 있다.

THE BEST LINES OF THE SONG   p.142

'V-ㄴ/는대도'는 'V-는다고 해도'가 줄어든 말로 앞에서 언급한 상황을 가정해도 뒤에 상황이나 결과에는 변화가 없거나 상관이 없음을 나타낸다. 형용사의 경우는 'A-대도', 명사의 경우는 'N(이)래도'와 같이 활용하며, '설령, 비록, 아무리' 등의 표현과 함께 많이 사용한다.

THE BEST LINES OF THE SONG   p.143

'V-지 않을게'는 미래에 내가 어떤 일을 하지 않겠다는 것을 약속하거나 선언하는 의미의 말이다. 청자와 관계된 일이나 청자의 허락을 구해야 하는 상황에서 쓰는 표현이다. 청자와 관계없는 일이거나 청자의 허락이 필요하지 않은 상황에서 미래에 어떤 일을 하지 않겠다고 말하고 싶으면 'V-지 않을 거야.'를 쓴다.

흐리다

- 구름이나 안개가 있어 햇빛이 잘 보이지 않는 날씨를 말할 때 사용한다.

- 이런 날씨가 주는 느낌과 비슷하게 대상이 분명하지 않고 어렴풋하게 보이는 상태, 공기 등이 깨끗하지 않은 상태를 말하기도 한다.

- 그리고 사람의 기억이나 판단 등도 시간이 지나고 나이가 들면 명확하지 않게 되기 마련이며, 이러한 상태를 나타낼 때도 이 말을 사용한다.

헤매다

- '헤매다'는 가야 되는 길을 찾지 못해서 여기저기 돌아다니는 것을 의미한다. 길을 잃은 후의 상황을 설명하는 경우에 많이 쓰이기 때문에 '길을 잃고 헤매다'와 같은 형태로 많이

사용된다.

- 그런데 내가 가야 할 길을 안다는 것은 즉 내가 가야 할 목적지를 알고 있다는 것을 의미하기도 한다. 그래서 '길을 헤매다'는 내가 가야 할 목표나 목적지를 잃고 방황하고 있는 상태를 나타낼 때 쓰이기도 한다.
- '헤매이다'와 같은 형태로 쓰이는 것을 볼 수가 있는데 '헤매다'가 맞는 표기로 '헤매였어요'가 아닌 '헤맸어요'로 써야 한다.

CULTURAL EXPRESSION p.146

한국에서는 좋은 꿈을 꾸면 미래에 좋은 일이 생긴다고 믿는다. 이렇게 미래에 좋은 일을 만들어내는 좋은 꿈을 길몽이라고 한다. 대표적인 길몽의 하나는 돼지꿈이다. 돼지가 나오는 꿈을 꾸면 돈을 많이 버는 일이 생긴다고 믿는다. 그래서 돼지꿈을 꾸면 복권을 사는 사람이 많다. 좋은 꿈의 반대인 나쁜 꿈을 흉몽이라고 한다. 흉몽을 꾸면 사람들은 미래에 나쁜 일이 생길까 봐 걱정을 한다. 대표적인 흉몽으로는 이가 빠지는 꿈, 신발을 잃어버리는 꿈 등이 있다. 흉몽과 비슷하지만 힘든 일로 고생하는 무서운 꿈을 악몽이라고 한다. 악몽이라고 하면 주로 뒤에서 누가 쫓아온다거나 공격을 받는다거나 끔찍한 일을 꿈속에서 겪고 소리를 지르면서 깨어나는 일을 떠올릴 수 있다. 아이유의 노래 '에잇'에서는 헤어진 연인과 만나 행복했던 순간들을 함께 하는 꿈을 꾸는데 꿈속에서는 행복하지만 꿈에서 깨고 나면 오히려 그 꿈으로 인해 힘들어지기 때문에 악몽이라고 표현한 듯하다.
위의 꿈들 외에 한국 사람들이 정말 중요하게 여기는 꿈을 태몽이라고 하는데 아이를 낳을 것을 알려주는 꿈이다. 태몽은 아이의 엄마만 꾸는 것은 아니고 가족이나 주변 사람이 꿀 때도 있다. 호랑이, 뱀과 같은 동물이 자신에게 달려든다든가 예쁜 과일을 따 먹는다든가 하는 꿈이 대표적이다.

있지 (ITZY)

가수 소개

2019년 2월 12일에 데뷔한 있지는 JYP엔터테인먼트가 트와이스 이후에 야심 차게 내놓은 5인조 걸 그룹이다. 멤버는 예지, 리아, 류진, 채령, 유나로 최근의 아이돌 그룹들이 해외 출신이 많은 데 비해 이 그룹은 모두 한국에서 나고 자란 한국 사람으로 구성되어 있다는 것이 특이점이다. 있지는 한국말 '있지'의 발음을 영어로 표기한 것으로, '너희가 원하는 거 전부 있지? 있지!'라는 의미에서 따온 그룹명이다. 그래서 한글로 쓸 때는 '잇지'라고 쓰지 않고 '있지'라고 쓴다.

달라달라   p.149

노래 소개

이 곡은 있지의 데뷔 음반으로 2019년 2월에 발매되었다. 이 노래는 높은 자존감이 느껴지는 노래이다. 개성을 중요시하고 사랑보다는 좋아하는 일을 더 사랑하며 다른 사람의 시선에 신경 쓰지 않는다고 노래하고 있다.

THE BEST LINES OF THE SONG p.152

'N₁은/는 N₂들과 다르다'는 N₁이 다른 대상들과 다르게 특별함을 가지고 있다는 의미이다. '예쁘기만 하고 매력은 없는 애들과 난 달라.'는 예쁘지만 매력이 없는 사람들과 다르게 나는 매력이 있다는 말로, 내가 특별한 존재임을 나타낸다.

THE BEST LINES OF THE SONG p.153

'V-(으)려고 하지 마'는 그 행위를 하려는 생각을 갖지 말라는 의미인데 이루기 힘든 일에 대해서 지나치게 애쓰거나 시도하지 말라고 당부할 때 쓰는 경우가 많다. '네 기준에 날 맞추려 하지 마.'는 나를 네가 생각하는 방향으로 바꾸려고 노력하거나 시도하지 말라는 의미이다. 온전한 나 자신을 받아들이고 인정해 달라는 말이기도 하다.

날라리

노는 것만 좋아하는 사람을 부정적으로 말할 때 날라리라고 한다. 보통은 공부 외의 것들(외모, 이성)에 관심이 많아서 학생답지 않게 외모를 꾸미고 놀기 좋아하는 학생들을 지칭할 때 쓴다. 그밖에 일을 제대로 마무리하지 않고 아무렇게나 하는 경우에 이 표현을 쓰기도 한다.

철들다

• '철들다'는 '성숙해지다'라는 의미를 가지고 있다.

• 아이가 어리광을 부리지 않고, 진지하고 어른스럽게 행동할 때는 '일찍 철이 들었다'라고 말한다.

• 반면 나이가 어느 정도 들었는데도 불구하고 그 나이에 맞게 행동하지 않을 때 '철이 안 들었다', '철이 덜 들었다'라고 말한다.

CULTURAL EXPRESSION   p.156

'다르다'는 두 대상이 같지 않음을 의미하는 형용사이고 '틀리다'는 사실과 달라 맞지 않거나 행동이 옳지 않음을 의미하는 동사이다. 두 어휘의 의미가 분명히 다르지만 한국 사람들이 '다르다'라고 말해야 하는 자리에 '틀리다'라고 잘못 말을 하는 경우가 많다. 머릿속으로는 다름을 생각하면서도 습관적으로 입으로는 '틀리다'라고 말하곤 한다. 하지만 다름에 대해 '틀리다'라고 말하면 듣는 사람에게 부정적인 느낌을 줄 수 있다는 인식이 널리 퍼지면서 '틀리다'와 '다르다'를 잘 구분하여 말하려고 노력하는 사람들이 늘고 있는 추세이다.

Wannabe   p.157

노래 소개

'WANNABE'는 2020년 3월에 발매한 미니 앨범(EP)의 수록곡이다. 있지 특유의 당당함과 파워가 잘 드러나는 노래이다. 한국 사람들은 타인에 대한 관심과 애정이 많은 편이라 자신과 관계없는 일인데도 조언을 많이 하는데 최근에는 이런 문화를 힘들어하는 사람들이 많아졌다. 이 노래는 참견하는 사람들에게 차마 말하지 못한 말들을 직설적으로 가사에 담았다.

THE BEST LINES OF THE SONG   p.160

'누가 뭐라 해도'는 '누군가가 어떤 지적을 하거나 비판을 해도'라는 의미로 다른 사람의 부정적인 생각과 관계없이 나의 생각은 흔들림 없이 확실하다는 의지의 표현이다. '누가 뭐라 해도 포기하지 마.'와 같이 쓸 때는 다른 사람의 말에 신경 쓰지 말고 너의 의지를 굳건히 하라는 의미이다.

THE BEST LINES OF THE SONG   p.161

'굳이 V-(으)ㄹ 필요 없다'는 힘을 들여서 그 행동을 하지 않아도 된다는 의미이다. '굳이'는 [구지]로 읽는데 '안 해도 되는데 일부러'라는 의미를 가지고 있다. '굳이 뭐가 될 필요는 없어.'는 다른 사람의 요구나 기대에 맞춰 그럴듯한 직업을 가지려고 한다거나 멋있는 사람이 되려고 힘들게 노력할 필요가 없다는 의미이다.

이래라저래라

다른 사람의 일에 참견하여 이것저것 지시할 때 쓰는 말이 '이렇게 해라, 저렇게 해라'를 줄여서 '이래라저래라 (하다)'라고 쓴다. 지시하는 사람의 행위를 부정적으로 말하는 것이기 때문에 상대방에게 직접 이 표현을 써서 말하면 무례하다. 인터넷에서 가끔 '일해라 절해라'라는 표현을 이 의미로 쓰는 경우가 있는데 이것은 잘못된 표현이다.

신경(을) 끄다

'신경(을) 끄다'는 신경을 쓰지 않는다는 의미이다. 더 이상 생각하지 않는다는 단순한 의미지만 다른 사람에게 이 표현을 쓸 때는 주의해야 한다. 다른 사람에게 '신경 끄세요'라고 하면 '신경 쓰지 마세요.'라는 표현보다 좀 더 예의 없고 화가 많이 난 느낌을 주기 때문이다.

한국 사람은 다른 사람에게 관심이 많은 편이다. 다른 사람에게 지나치게 관심을 보이면서 참견할 때 '오지랖이 넓다'라는 표현을 쓰는데 오지랖이 무엇일까? 오지랖은 한복 윗도리의 앞부분 중 겉에 오는 자락이다. 옛날에는 천이 귀했기 때문에 속옷이 보이지 않을 정도로만 바깥 부분과 안쪽 부분이 살짝 겹쳐지게 만들어 입었다. 오지랖이 넓으면 옆에 있는 천 부분을 지나치게 많이 침범해 덮게 된다. 여기에서 유래해 '오지랖이 넓다'는 상대방이 원하지 않는데 쓸데없이 지나치게 참견하는 것을 의미하게 되었다. 최근에는 오지랖이 바다처럼 심하게 넓다는 의미로 '오지랖이 태평양이다'라는 재미있는 표현을 쓰기도 한다. 인터넷상에서는 오지랖이 넓은 사람을 '오지라퍼'라는 별명으로 부르는데 '오지랖'에 영어로 '~하는 사람'이라는 의미의 접미사 -er을 붙여 만든 단어이다.

Not Shy   p.165

노래 소개

이 곡은 2020년 8월에 발매된 같은 이름의 앨범 〈Not Shy〉의 타이틀 곡으로, 있지가 사랑을 주제로 노래를 발표한 것은 이 곡이 데뷔 이후 처음이다. 사랑 앞에서 부끄러워하지 않고 원하는 것을 당당하게 밝히는 주체적인 여성성이 드러나는 노래이다. 미국 서부 영화를 떠올릴 만한 빈티지한 분위기와 황무지를 누비는 추격 신 등 유쾌함과 속도감이 느껴지는 뮤직비디오가 매력적이다. 외국에서 촬영한 듯한 이국적인 분위기가 물씬 느껴지지만 모두 한국에서 촬영했다. 이 뮤직비디오의 추격 신을 찍기 위해 있지의 멤버 '예지'는 운전면허를 땄다고 한다.

THE BEST LINES OF THE SONG   p.168

'뭐하다'는 형용사 '무엇하다'의 준말인데 앞에 언급한 내용에 대해 부정적으로 생각할 때 쓰는 표현으로 '소용없다', '의미 없다' 정도로 이해하면 된다. 'V-아서/어서 뭐해.', 'V-(으)면 뭐해.' 등으로 많이 쓰인다. '기다려서 뭐해.'는 기다릴 필요 없다는 의미이다. 대부분 부정적으로 말할 때 많이 쓰이는데 '말해 뭐해'는 긍정적으로 쓰이는 경우도 있다. 상황에 따라 좋다는 것을 모두가 알고 있기 때문에 굳이 말할 필요 없다는 긍정적인 의미로 사용되기도 한다.

THE BEST LINES OF THE SONG ❷   p.169

'왜 V-(으)면 안 돼?'는 그 행동을 금지하는 이유에 대해 질문할 때 쓰는 표현이다. 어순을 바꿔서 'V-(으)면 왜 안 돼?'라고 써도 된다. '내가 내 마음을 왜 말하면 안 돼?'는 나의 마음을 말하지 못하게 하는 이유에 대해 묻는 것이다.

VOCABULARY

괜히
- 주로 '아무 이유 없이'의 의미로 쓰이는 부사로서 일상생활에서 자주 사용하는 표현이다.
- '쓸데없이'의 의미로도 쓰이는데, '괜히'가 동사의 과거형과 함께 쓰이면 후회의 표현이 된다. 어떤 행동을 했는데 좋은 결과를 얻지 못해서 후회하며 말할 때 이 표현을 쓴다.

어차피
상황이나 과정이 어떻든지 간에 중요한 사실은 변하지 않고 결론이 정해져 있다는 의미를 가진 부사이다. 결론이 정해져 있으니 상황을 바꾸려고 노력할 필요가 없다는 의미도 있어서 체념하거나 포기할 때 많이 쓰인다. '결국'과 의미가 비슷하다. 간혹 '어짜피'라고 쓰는 사람들이 있는데 맞춤법상 '어차피'라고 써야 한다.

한국어에는 부끄러운 감정을 표현하는 단어들이 다양한데 부끄러운 감정 표현의 대표적인 어휘는 '부끄럽다'이다. 일상생활에서도 많이 쓰는 표현이다. '수줍다'는 사람들 앞에서 말을 하거나 행동을 하는 것이 부끄러울 때 쓴다. 다른 사람이 고백을 하거나 선물을 주면서 부끄러워할 때 주로 쓴다. 자신의 감정을 이야기할 때는 잘 쓰지 않고 성격을 이야기할 때 많이 쓰는데 '수줍음이 많다'라고 쓴다. '-아요/어요'를 만나면 '수줍어요.'라고 써야 한다.

'창피하다'는 어떤 행동을 하고 난 후에 그 행동을 되돌리고 싶거나 숨기고 싶었던 사실이 드러나 부끄러움을 느낄 때 주로 쓴다. 나의 행동뿐만 아니라 나와 관계된 가족이나 친구의 행동 때문에 나 자신이 부끄러움을 느낄 때도 쓴다. 일상생활 속에서 말할 때는 '창피'를 [챙피]라고 발음하는 경우도 종종 있다.

'민망하다'는 당황스러운 상황에서 어떻게 해야 할지 몰라서 얼굴을 들고 있기가 부끄러울 때 쓰는 표현이다. 다른 사람의 부끄러운 상황을 보고 내가 부끄러움을 느끼거나 지나친 칭찬을 들어 과분하다고 느낄 때, 난처한 부탁을 할 때에 쓴다.

엔시티 (NCT)

가수 소개

NCT 그룹명은 'Neo Culture Technology'의 약자이며, 전 세계의 도시를 무대로 활동하겠다는 그룹의 정체성을 담고 있다. 엔시티의 핵심은 확장성과 개방성인데 기존의 아이돌 그룹들이 멤버 수가 정해져 데뷔하고 그 인원을 유지하는 것에 비해 엔시티는 언제든지 멤버의 인원수나 구성이 바뀔 수 있다. 예를 들어 세계 각 도시마다 데뷔할 지역팀이 있는데 NCT 127는 서울을 주 무대로 활동하며 유닛명인 127은 서울의 경도를 나타낸다. 또한 NCT DREAM은 10대 멤버들로 이루어진 유닛으로 '청소년들에게는 꿈을 그리고 성인들에게는 힐링을'이라는 포부로 활동한다. NCT U는 각각의 유닛(Unit)에서 곡의 장르와 컨셉 등에 가장 잘 어울리는 멤버가 조합(United)을 이루어 활동하게 된다.

Make a Wish (Birthday Song) p.175

노래 소개

NCT U는 NCT United의 약자로 NCT라는 그룹명을 처음으로 알린 데뷔 유닛이다. 'Make a Wish'는 NCT U의 정규 2집 〈Pt.1〉의 타이틀곡으로 2020년 10월 12일 발매되었다. 도입부의 휘파람 소리가 매력적인 힙합 기반 댄스곡으로 태용, 도영, 재현, 루카스, 샤오쥔, 재민, 쇼타로가 참여했다. 각자의 꿈을 이루어질 수 있도록 소원을 빌어 보자는 내용의 가사가 중독성 있는 강한 훅으로 반복된다. 2021년 8월 12일 공개된 오케스트라 버전에서는 곡의 또 다른 색다른 매력을 느낄 수 있다.

THE BEST LINES OF THE SONG   p.178

'N(이/가) 아깝다'는 어떠한 것을 제대로 사용하지 못해서 섭섭하거나 서운한 느낌이 드는 것을 말한다. 주어 자리에는 잃어버리거나 허비되고 있는 대상을 넣어 말하는데 그것이 대화 참여자가 서로 알고 있는 상황이나 대상이라면 주어를 생략한 채로 쓰는 경우도 많다. 혼잣말처럼 말하거나 무의식중에 내뱉는 경우가 많기 때문에 '-네, -아/어라'와 같이 감탄문을 나타내는 어미와 자주 결합하여 쓰인다.

THE BEST LINES OF THE SONG   p.179

'V-아야/어야 하다'는 그 행위나 특정 조건을 필요로 한다는 것을 의미한다. 'V-아야/어야 되다'와 의미 차이가 거의 없다. '하다'를 쓰면 행위를 강조하는 느낌이 들고 '되다'를 쓰면 상황에 의해 어쩔 수 없이 그 행위를 해야 한다는 느낌을 조금 더 줄 뿐이다.

> **VOCABULARY**
>
> **꿈을 꾸다**
> - '꾸다'는 잠을 자는 중 환영 등을 보는 것을 의미한다. 잠을 자면서 보는 이러한 환영을 '꿈'이라고 하는데 동사 '꾸다'에 명사형을 만드는 어미 '-(으)ㅁ'을 붙인 말이다. 그리고 '꾸다'라는 동사를 쓸 때는 항상 명사 '꿈'을 목적어로 써야 된다.
> - '꿈'과 '꾸다'를 합하여 '꿈꾸다'와 같이 한 단어로 쓸 수도 있는데 '꿈꾸다'라고 하면 잠을 자면서 꿈을 꾸는 상태를 나타내는 것 외에도 속으로 어떤 일이 일어나기를 바라거나 자신의 목표를 세운다는 의미를 가지고 있다.

숨을 쉬다

- '쉬다'는 휴식을 취한다는 의미로 많이 알고 있지만 입이나 코로 공기를 마셨다 뱉는 행동도 '쉬다'라는 동사를 사용한다. 이때 입과 코로 오가는 공기를 '숨'이라고 하는데 '쉬다'는 항상 이 '숨'을 목적어로 취하여 '숨을 쉬다'와 같이만 사용할 수 있다.
- 우리가 호흡하면서 들이마시고 뱉는 숨 중에서 밖으로 내뱉는 숨은 '날숨', 안으로 들이마시는 숨은 '들숨', 뭔가 답답하거나 걱정이 있을 때 크게 한 번 내뱉는 숨은 '한숨'이라고 부른다.

CULTURAL EXPRESSION   p.182

전 세계에는 존재하는 민족들은 저마다 여러 대상에게 다양한 방식으로 소원을 빌어 왔다. 소원을 비는 구체적인 대상과 방법은 다르지만, 신 혹은 신과 같은 영험한 효력이 있다고 믿는 대상에게 그들의 바람과 염원을 보여 주기 위해 노력했던 것이다.
한국에서는 과거에 마을에 영험한 효력이 있다고 믿는 오래된 나무나 돌 앞에서 소원을 빌기도 하고 매해 첫 번째로 돌아오는 보름달인 정월 대보름을 보고 소원을 빌기도 하였다. 이 중 정월 대보름을 보고 한 해의 바람을 빌어 보는 풍습은 아직 남아 있는데 달을 보고 소원을 말할 때는 '두 손을 맞대' 소원을 빈다. 세계 여러 종교에서도 이렇게 손을 맞대어 기도를 올리는 경우가 많은데 나라와 민족은 달라도 초월적인 존재를 대할 때 인간의 마음은 모두 비슷하기 때문이 아닐까?

We Go Up   p.183

노래 소개

마크, 런쥔, 제노, 해찬, 재민, 천러, 지성의 7명으로 구성된 유닛 NCT Dream의 두 번째 미니 앨범 〈We Go Up〉의 같은 이름의 타이틀곡으로 2018년 9월 3일 발매되었다. 상쾌하면서 도시적인 느낌이 드는 어반 힙합곡으로 감미로운 보컬로 반복되는

'We go up'이라는 후렴구가 인상적이다. 노래 제목처럼 더 높은 곳으로 가겠다는 멤버들의 희망과 바람, 의지가 느껴진다.

THE BEST LINES OF THE SONG   p.186

'V-(으)려고 해'는 화자의 계획이나 의도를 나타내는 표현으로 'V-(으)ㄹ까 하다' 보다는 조금 더 강한 의도나 의지가 있음을 나타내며, 'V-(으)ㄹ 것이다'에 비해서는 그 의도성이나 실현성이 약하다. 시도함을 나타내는 'V-아/어 보다'와 결합하여 'V-아/어 보려고 하다'와 같이 쓰면 무언가를 시도해 볼 의지가 있음을 나타내는 표현이 된다. 한국 사람들이 실제로 말할 때는 [ㄹ] 소리를 첨가하여 [을려고]와 같이 발음하는 경우가 많으며 *하다 동사를 생략하고 '-고(요)'로 문장을 마무리 짓는 경우도 많다.

THE BEST LINES OF THE SONG   p.187

'N₁은/는 N₂을/를 A/V-게 해'는 선행하는 대상이 후행하는 대상을 어떤 기분이나 상태가 되게 만든다는 의미로 'N₁은/는 N₂을/를 A/V게 만든다'와 같이 바꾸어 쓸 수 있다. 일반적으로는 서술어에 '슬프다, 기쁘다, 화가 나다, 놀라다.' 등과 같이 감정을 나타내는 표현이나 '예쁘다, 빛나다, 돋보이다' 등과 같이 외형적인 상태를 나타내는 말이 많이 쓰인다.

VOCABULARY

빛나다
빛이 환하게 비치거나 빛이 다른 물체에 반사되어 반짝거리는 것을 나타낸다. '빛이 나다'와 같이 주어와 동사로 분리해서 쓰기도 하고 '빛나다'와 같이 한 단어로 쓰기도 한다.

뿜어내다
- '뿜어내다'는 속에 있는 것들을 꺼내서 밖으로 나오게 하는 것으로 일반적으로 기체나 열기 같이 형태가 불분명하거나 보이지 않은 것들을 밖으로 내보낼 때 사용한다.
- 빛이나 에너지 등이 내부로부터 발산되는 것을 표현할 때도 이 동사를 사용한다.

CULTURAL EXPRESSION

p.190

전통적으로 한국에서는 사람들이 기본적으로 갖추어야 할 덕목으로 참을성과 성실성을 꼽는다. 그리고 이러한 참을성과 성실성을 대표하는 상징이 바로 우리 몸에서 흐르는 땀이다. K-Pop 아이돌의 세계에서도 이러한 미덕은 예외 없이 적용된다. 한국에서는 아이돌로 데뷔하기 위해 오랜 시간의 연습생 기간과 힘든 훈련 과정을 거쳐야 한다는 것은 이미 잘 알려진 사실이다. 한국 아이돌들의 뛰어난 춤과 노래 실력은 단순히 그들이 가지고 태어난 재능이 아니라 오랜 시간 땀 흘려 연습한 노력의 결과물이라고 할 수 있을 것이다.

화사 (HWASA)

가수 소개

2014년 6월에 데뷔한 마마무는 문별, 휘인, 솔라, 화사로 구성되어 있는 4인조 걸 그룹이다. '엄마'라는 의미의 단어 '마마(Mama)'처럼 친숙한 음악을 하겠다'는 뜻의 그룹 명이라고 알려져 있으며, 즉흥적으로 노래할 때 가사 대신 붙이는 소리를 의미한다는 이야기도 있다. 멤버들은 각자 솔로 활동도 활발히 하고 있는데 그중 화사는 작사 작곡에도 직접 참여하여 이미 마마무 앨범에서 솔로 곡을 선보인 바 있으며, 2019년부터 〈멍청이(twit)〉를 시작으로 2020년 미니 앨범 〈마리아〉를 발표하는 등 솔로 활동도 병행하고 있다.

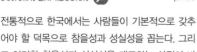

Orbit

p.193

노래 소개

마마무의 멤버 화사가 부른 'Orbit'는 2020년에 방영한 한국 드라마 "더 킹: 영원의 군주" OST의 수록곡이다. 드라마는 평행 세계가 존재한다는 배경 아래, 평행 세계인 대한제국(Kingdom of Corea)의 황제가 대한민국(Republic of Korea)의 세계로 넘어와 여형사를 만나는 로맨스 판타지 드라마이다. 노래 제목인 Orbit는 한국어로 '궤도'인데 중심 물체를 주변으로 다른 물체가 도는 길을 의미한다. 달이 지구를 돌면서 항상 곁에 있듯이 나도 너의 곁에 항상 함께 있겠다는 내용의 노래 가사가 노래 제목인 Orbit(궤도)와 잘 어울린다. 화사의 강렬한 목소리와 신비한 분위기의 사운드를 담은 이 곡은 드라마의 환상적인 분위기를 잘 표현해 내고 있다.

THE BEST LINES OF THE SONG ❶

p.196

'이제는 A/V-지 않다'는 그전의 상태와 달리 지금은 그렇지 않다는 의미이다. '이제는 괴롭지 않아.'라고 쓰면 전에는 괴로웠다는 사실과 함께 지금은 괴롭지 않다는 의미를 가진다. '이제는 울지 않아.'는 전에는 울었지만 과거와 달리 지금은 울지 않는다는 의미이다.

THE BEST LINES OF THE SONG ❷

p.197

'N이/가 보여?'는 대상을 볼 수 있는지 묻는 표현으로 'N을/를 볼 수 있어?'와 의미가 유사하다. 'N이/가 보이다'는 화자의 의지와 상관없이 대상이 눈에 보일 때 쓰는 표현으로 대상이 그곳에 있음을 알게 되었을 때 많이 써서 발견의 의미를 가진다. 'N이/가 안 보이다'는 대상이 있어야 할 장소에 없거나 그 대상을 볼 수 없는 상황일 때 쓴다.

VOCABULARY

괴롭다

몸이나 마음이 고통스러운 것을 의미하는 형용사이다. 힘든 정도가 매우 심할 때 쓴다.

외로움, 그리움, 두려움

- '외로움', '그리움', '두려움'은 명사인데 각각 '외롭다', '그립다', '두렵다'와 같이 형용사로 쓸 수 있다. 주변에 의지할 데가 없어 혼자라는 느낌을 받는 것을 '외로움'이라고 한다. 보통 '외로움을 느끼다', '외로움을 타다'와 같이 쓴다.

- '그리움'은 과거에 경험한 대상이나 사람을 몹시 보고 싶어 하는 마음을 의미한다.

- '두려움'은 어떤 대상이나 상황을 무서워해서 불안함과 걱정스러운 마음을 갖는 것을 말한다.

CULTURAL EXPRESSION p.200

옛날 옛날에 홀어머니와 남매가 살고 있었다. 어느 날 어머니는 떡을 팔고 돌아오는데 고개에서 호랑이를 만나게 되었다. 호랑이는 어머니에게 말했다. "떡 하나 주면 안 잡아먹지." 어머니는 호랑이에게 떡을 주었다. 그런데 호랑이가 계속 떡을 달라고 했고 결국 떡이 다 없어지자 호랑이는 어머니를 잡아먹었다. 호랑이는 어머니가 입고 있던 옷을 입고 남매의 집으로 가서 말했다. "얘들아, 엄마 왔어. 문 열어 주렴." 오빠는 엄마의 목소리가 이상하다고 생각해서 손을 보여 달라고 했다. 호랑이 손을 보고 깜짝 놀란 남매는 뒷문으로 나가서 나무에 올라갔다. 호랑이가 이를 눈치채고 뒤따라갔다. 남매가 울면서 하느님한테 살려 달라고 빌자 하늘에서 굵은 밧줄이 내려왔고 남매는 밧줄을 타고 하늘로 올라갔다. 이것을 보고 호랑이도 하느님께 밧줄을 내려 달라고 빌었다. 그러자 하늘에서 썩은 밧줄이 내려왔고 호랑이는 그 줄을 잡고 하늘로 올라가다가 밧줄이 끊어져 바닥에 떨어져서 죽었다. 그리고 하늘로 올라간 남매는 여동생은 해가 되고 오빠는 달이 되었다.

마리아 p.201

노래 소개

이 곡은 2020년 6월, 마마무의 멤버 화사가 발표한 솔로 앨범의 타이틀곡이다. 자신의 세례명인 마리아를 노래 제목으로 쓰고 작사, 작곡에 참여했다. 상처 받은 어린 마리아가 죽고 사람들의 미움 따위 대수롭지 않게 여기는 팜므 파탈의 마리아로 다시 태어나는 스토리를 보여 주는 뮤직비디오가 매우 강렬하다. 자신을 미워하는 사람들을 비판하면서 그들로 인해 상처 받고 아파하면서 스스로를 괴롭히지 말라는 메시지를 전하고 있다.

THE BEST LINES OF THE SONG p.204

'N을/를 위하다'는 목적이 되는 대상을 돕거나 잘되게 하려고 하는 것을 의미한다. 어떤 사람이나 대상을 이롭게 하려고 마련된 물건이나 행위를 소개할 때 'N(사람)을/를 위한 N(물건/행위)(이)야.'라고 한다.

THE BEST LINES OF THE SONG p.205

'뭐 하러 ~?'는 타인의 행동에 대해 이해가 가지 않을 때 쓰는 표현으로, 그 행동이 불필요하다는 의견을 나타내어 비판적인 느낌을 준다. 문장의 형태가 질문으로 되어 있는데 단순히 질문이 목적이 아니라 그에 대한 나의 부정적인 생각을 드러낼 때 사용한다. '뭐 하러'는 목적어 뒤에 쓰기도 하고 목적어 앞에 쓰기도 한다.

VOCABULARY

서럽다
나의 상황이나 다른 사람이 나를 대하는 대우가 좋지 않을 때 자신이 불쌍하게 느껴져서 슬픈 마음이 드는 것을 의미한다. 심하게 울 정도로 슬프거나 마음에 상처를 받았을 때 많이 쓴다.

괴롭히다
어떤 사람이나 일, 상황이 사람을 고통스럽게 만들거나 성가시게 할 때 쓰는 동사이다.

아등바등
힘이 드는 상황에서 뭔가를 이루려고 애쓰는 느낌을 나타내는 부사로 안 되는 것을 억지로 되게 만들려고 할 때 쓴다. 동사로 쓸 때는 '아등바등하다'라고 쓰면 된다. '열심히'와 의미가 비슷해 보이지만 '아등바등'은 불쌍한 느낌이 강하다. 긴 시간 동안 마음의 여유 없이 열심히 살 때 많이 사용하는 표현이다.

CULTURAL EXPRESSION p.208

다른 사람이 미울 때 쓰는 표현 중 하나로 '아니꼽다'가 있다. '아니꼽다'는 다른 사람이 하는 말이나 행동이 눈에 거슬려 불쾌할 때 쓰는 표현이다. 이 표현은 신체와 관련된 유래를 가지고 있는데 '안이 곱다(내장이 꼬이다)'에서 유래되었다고 한다. '안'은 내장을 의미하고 '곱다'는 휘어져 있다는 것을 의미해서 뱃속에 있는 장이 뒤틀리는 것처럼 다른 사람의 말이나 행동이 마음에 들지 않는다는 것이다. 실수를 한 상대방이 미안해하지 않는 것이 얄미울 때 제3자에게 '쟤는 뭐가 잘나서 저렇게 당당해? 진짜 아니꼽다.'와 같이 사용할 수 있다. '아니꼽다'는 '-아/어'를 만나면 맞춤법상 '아니꼬워'라고 써야 하는데 [아니꼬와]라고 말하는 사람들도 많다.

INDEX

블랙핑크 (BLACKPINK)

마지막처럼
Music by LYDIA / TEDDY / FUTURE BOUNCE 1 / FUTURE
BOUNCE 2
Words by TEDDY / CHOICE / BROTHER

Forever Young
Music by TEDDY / FUTURE BOUNCE 1 / FUTURE
BOUNCE 2
Words by TEDDY

뚜두뚜두
Music by R.TEE / 24 / TEDDY / BEKUH BOOM
Words by TEDDY

Kill This Love
Music by R.TEE / 24 / TEDDY / JOHNSON REBECCA
ROSE
Words by TEDDY / JOHNSON REBECCA ROSE

How You Like That
Music by R.TEE / 24 / TEDDY
Words by 대니청(DANNY CHUNG) / TEDDY

스트레이 키즈 (STRAY KIDS)

神(신)메뉴
Music by 베르사최 / 방찬(3RACHA) / 창빈(3RACHA) /
한(3RACHA)
Words by 방찬(3RACHA) / 창빈(3RACHA) / 한(3RACHA)

소리꾼
Music by HOTSAUCE (A) / HOTSAUCE (B) / 방찬(3RACHA)
/ 창빈(3RACHA) / 한(3RACHA)
Words by 방찬(3RACHA) / 창빈(3RACHA) / 한(3RACHA)

트와이스 (TWICE)

Cheer Up
Music by 블랙아이드필승 2
Words by SAM LEWIS

TT
Music by 블랙아이드필승 2
Words by SAM LEWIS

What is Love
Music by J.Y.PARKTHEASIANSOUL
Words by J.Y.PARKTHEASIANSOUL

아이유 (IU)

밤편지
Music by 김제휘 / 김희원
Words by 아이유

Blueming
Music by 아이유 / 이종훈 / 이채규
Words by 아이유

정거장
Music by 아이유
Words by 아이유

에스파 (aespa)

Next Level
Music by 유영진 / CURTIS SOPHIE PAULINE / MARCHETTI
ROBERT MARIO / MCINNIS ADAM
Words by 유영진 / CURTIS SOPHIE PAULINE /
MARCHETTI ROBERT MARIO / MCINNIS ADAM

자각몽 (Lucid Dream)
Music by DAHLQUIST DAVID / LOMAX MARCUS
DURAND / SHELTON PAUL EDWIN II / MORRISSEY
PATRICK ROBERT / ALCROFT HAYLEY KIYOKO
Words by ELLIE SUH / DAHLQUIST DAVID EMERSON
/ LOMAX MARCUS DURAND / SHELTON PAUL EDWIN
II / MORRISSEY PATRICK ROBERT / ALCROFT HAYLEY
KIYOKO

있지 (ITZY)

달라달라
Music by 아테나 (ATHENA) / 별들의전쟁 1 / 별들의전쟁 2
Words by 별들의전쟁 1 / 별들의전쟁 2

Wannabe
Music by 이지혜 / 별들의전쟁 1 / 임우빈 / 별들의전쟁 2
Words by 별들의전쟁 1 / 별들의전쟁 2

Not Shy

Music by KOBEE / EARATTACK / WILSON CHARLOTTE
LOUISE JAYE
Words by J.Y.PARKTHEASIANSOUL

엔시티 (NCT)

Make a Wish (Birthday Song)

Music by POOLE KAREN ANN / OSUJI JUSTIN / BOBII
LEWIS
Words by DAMIAN / PENOMECO(페노메코) / POOLE
KAREN ANN / OSUJI JUSTIN / BOBII LEWIS

We Go Up

Music by MZMC / KENZIE / WHITE KEVIN CLARK /
WOODS MICHAEL CLINTON II / BAZZI ANDREW
Words by 마크 / MZMC / KENZIE / WHITE KEVIN CLARK /
WOODS MICHAEL CLINTON II / BAZZI ANDREW

화사 (HWASA)

Orbit

Music by 박우상
Words by 소라 / 박우

마리아

Music by 화사 / 박우상
Words by 화사 / 박우상

MEMO

MEMO